百歲上班族的幸福工作術

年齡不是問題！
我活得很好，
是因為做著喜歡的事。

玉置泰子

92 歳 総 務 課 長 の 教 え

日本作家和讀者大力推薦！

「字裡行間都能讀到滿滿的幸福感，這本書堪稱集合了所有幸福工作術的超級指南！」

——著作突破八百萬本的日本暢銷書作家**本田健**大力讚賞

「步入中年的我，想到年紀增長和未來，感到很不安……讀了這本書，彷彿看到作者在對我說：『年齡根本不是問題！』這讓我深受鼓舞。」

——讀者（山谷）

「以生命經驗累積的工作術，透過作者溫和的語氣，心裡不禁湧現一股熱情，這是一本能讓人產生正向情緒的好書。」

——讀者（Puru）

「無論是新進員工還是管理階層，讀這本書都會不斷發現新知與啟發……裡面也談到身體與大腦的保養與鍛鍊，讓人深刻體會到正視老化、積極因應的重要性。讓我也想從明天開始仿效，竟然變得很期待上班了。」

——讀者（金色天狐）

「我因為身體狀況，有時面對工作連一天都撐不下去，但這本書給了我勇氣，讓我想要好好過每一天。」

——讀者（Su）

「因為太驚訝作者年紀這麼大還在上班，所以我讀了這本書，人也因此變得樂觀起來，無論對工作或人生，無形中都有了轉變。」

——讀者（慢走）

「這本書可說是幸福人生的一種答案。雖然不是誰都能像作者一樣工作到老，但只要知道『也有如此人生延續著』，就會讓人有所改變。」

——讀者（Peter）

目錄

第2章 工作順風順水術

第3章 訓練溝通能力

第4章 成長源於小習慣

第5章 永遠不害怕失敗

第6章 上司與下屬之間的應對規矩

序章

現年92歲仍在職場，還不打算退休

金氏世界紀錄認證為「世界最高齡的總務課長」

一九三〇年（昭和五年）我出生於大阪浪速區，也在這裡成長。二〇二〇年，我九十二歲了（編注：此指作者寫書的那一年），仍然是從星期一上班到星期五、上午九點工作到下午五點半的全職上班族。

我的公司是位於大阪市西區的SUNCO INDUSTRIES（SUNCO日本大

阪專業扣件貿易公司），這是一家專門製作螺絲的公司。

我目前的職務是「總務部副理兼課長」，主要負責財務及ＴＱＣ（全面品質管理）活動的推展。

我已經在這家公司工作超過六十六年了。公司對我說：「請繼續奮鬥到一百歲吧！」而我自己也有這個打算。

在二〇二〇年十一月，我被金氏世界紀錄認定為「世界最高齡的總務課長」。這個「世界第一」的稱號對我而言，是意料之外的驚喜，也成為我繼續前行的重要動力。

這一切，都是我日復一日踏實累積的成果。我能與公司共同成長，並擁有許多志同道合的夥伴，對我來說是一項寶貴的資產。

過去，我曾負責設計新進員工的培訓計畫與工具。如今，我仍在新人教育訓練中傳授工作的基本要領，並作為公司歷史的見證人，向他們講述創辦人奧山好太郎、第二代社長（現任會長）奧山泰弘，以及現任社長奧山淑英的故事。

由於我比現任會長大十一歲，在公司的資歷也較久，因此有許多公司發展的歷程，只有我經歷過，並且能夠向人述說。

本書將結合我的親身經驗，分享我在六十六年職場生涯中學到的工作態度、如何勇於挑戰、不畏失敗，以及主管與部屬應該遵守的職場之道。希望這些經驗能成為大家順利展開工作的一點啟發。

在進入主題之前，我先回顧一下我的職涯歷程。

我於一九五六年（昭和三十一年）加入SUNCO INDUSTRIES，當時我二十五歲。那一年，政府的「經濟白皮書」高調宣告「戰後時代已經結束」，日本正邁向高度經濟成長期。

當時，公司名為「三興鋲螺株式會社」，其中「鋲螺」（讀音：びょうら）意指「螺絲」。公司創立於一九四六年（昭和二十一年），由創辦人奥山好太郎以「木螺絲專門批發商」起家。而「三興」則代表「員工好、客戶好、供應商好」的經營理念，追求三方共榮的目標。

事實上，這間公司是我職涯中的第三個工作地點，而在此之前，我的工作並非一帆風順。

在一九四五年（昭和二十年）我十五歲的時候，持續四年的太平洋戰爭結束。然而，就在同一年，父親去世了。他是我們家的重大支柱，在五十六歲時因為過勞而離世。

父親自幼體弱，戰時的徵兵檢查僅獲「丙種合格」證明，到現在才方便說的是，幸虧如此，他才未被派往前線，而是編入「國民兵役」。

他工作地點是「聯合紙器株式會社」（即今日「RENGO株式會社」的前身，以生產紙箱聞名），並於戰爭結束的那一年屆齡退休。

然而，由於戰後龐大的善後業務壓力，他最終因勞累過度，在退休後不久便撒手人寰。

當時，年僅十五歲的我，還有十二歲的妹妹，以及八歲與五歲的弟弟。母親年僅三十九歲，卻因自小體弱，難以支撐家計。於是，我心生責任感：「如果我不努力工作，全家便無以為繼。」

這份責任感，成為我工作至今的重要動力。

高中畢業後，我立即投入職場。第一份工作是在學校推薦下進入一家壽險公司，擔任總務部職員。然而，由於種種原因，我在三年後選擇離職。

隨後，我進入紡織公司，負責人事與勞務管理。但不久後，公司因併購計畫將總部遷往三重縣，而當時我需要照顧年幼的弟弟們，無法離開大阪，只能選擇離職。

之後，在表姊的引介下，我進到目前的公司——SUNCO工業株式會社，並一路走到了今天。

原本打算馬上辭職，卻待了六十六年

到二〇二〇這一年，我在這家公司滿六十六年了，一開始我沒想過會在這裡工作那麼久，總之，我剛進到這家公司沒多久，就想要辭職。

我剛進來時，公司的員工人數大約十人，是很小的公司，原本預定是擔任總務的職位，實際上是什麼差事都得做。

幫忙業務是家常便飯，中餐也要收集大家的點餐去幫忙買麵包和便當，也曾經幫忙住在員工宿舍的職員張羅三餐。

這些和我當時想做的工作有很大的落差，讓我煩惱不已，一要去上班就滿心的厭煩，甚至也曾經休息一個禮拜都沒去上班。替我引介這份工作的表姊知道了很生氣，她說：「你這傢伙到底把工作看成什麼？你到底還能做什麼啊？」

接著她說的這番話，讓我覺醒了。她說：「現在還不是時候讓你隨心所欲做自己喜歡的工作，像你這樣做到一半就拋下上面交代的事不管，實在太不像話了。畢竟你也是拿人薪水吧！快點調整好心態，一定要先把人家交給你的工作確實完成才行。」在那之後，我也重新轉換心情持續工作下去。

就這樣，已經過了六十六個年頭，而當年菜鳥的我，就是那麼一個禁不起挫折的「草莓族」。

這樣的我能一直工作到現在，是因為我的公司持續成長，存續下來的關係，我心底常想「一定要好好感謝公司存續下來」。

話說我們公司在草創階段也曾歷經多次經營上的考驗。

我有問過當時仍在世的創辦人是怎麼撐過來的，至今也一直很清楚記得他說：「因為公司不是我一個人的，我一直抱持絕對不能讓公司倒閉的決心，必須堅持到底。」

公司是屬於員工和他們的家人，公司今日得以繁盛，都是受惠於顧客和往來的廠商關照。因此創辦人相當重視也相當感謝員工和其家人，以及顧客和往來的廠商。我在近距離感受到他們的態度，**也把「感謝」和「報恩」作為走在人生道路上的方針**。

而我之所以還能夠充滿活力地工作，都是受惠於家人及周圍親友的照顧，因此我懷抱著感恩之心，期望能以某種形式報恩，總想著要做對他人有幫助的事。

正因為一直記得創辦人的理念，所以在工作時我也時常自問：「**可以讓這份工作對誰有幫助？**」

因此，當我完成一張單據拿去給同事時，聽到人家說：「謝謝你的幫忙。」我心中也會充滿了感謝：「能夠對別人有所幫助，我才想說謝謝呢！」此時，我會強烈感受到做這份工作的意義和喜悅。

永遠保持好奇心

如果要再舉一個我在工作上的方針，那大概就是「永遠不要失去好奇心」吧。

榮獲二〇二一年諾貝爾物理學獎、專攻氣候變遷研究的真鍋淑郎（美國普林斯頓大學資深研究員）曾說過：「最有趣的研究，就是由好奇心驅動的研究。」

擁有好奇心是很重要的。我們面對工作時不是也應該如此嗎？保持對一切事物的好奇心，發揮自己的創意，不斷嘗試改進，即便是日復一日的例行公事，也能變得有趣起來。

如果心想「明天來試試這個方法吧！」那就會開始期待明天的到來。

回想四十年前的一九八一年，公司首次引進個人電腦時，我已經五十一歲了。

當時我負責會計事務，帳目都是手寫紀錄，難免會出現抄寫或計算錯誤。而電腦能大幅減少這類錯誤，讓我覺得「這真是個好東西！」因此，剛開始使用時，我每天都興奮不已，充滿期待地投入工作。

一九八三年，公司開始推行TQC（全面品質管理）活動。但若仔細想想，我其實早在這之前就一直進行著「個人版的TQC活動」，因為我在好奇心的驅使下，總是不斷在尋找、實行提升工作品質的好方法。

這種透過工作實現的「自我變革」，對我來說是快樂無比的一件事。

如今，社會各個層面都呈現出多元的價值觀。人們對工作的目的、態度，以及進行方式，各有不同的見解與選擇。

我也明白，「只要我活著就會工作」這種生活方式並非唯一的正解。正因為沒有絕對的標準答案，許多人才會在選擇人生道路時感到迷惘。

如果我的經驗與想法，能夠為那些正在煩惱的職場人士提供一點參考與啟發，對我而言，將是莫大的喜悅。

第1章

世上沒有比工作更能讓人成長

今天可以努力的話，明天也能夠繼續加油下去

二〇二〇年，我被金氏世界紀錄認證為「世界最高齡的總務課長」，但在認證儀式前，我其實完全不知情。

儀式上，突然被問到感想時，我驚訝之餘，脫口而出的竟是「積小為大」這句話。這是江戶時代思想家二宮尊德的名言，意思是：「點滴努

力的累積，終將帶來巨大的成果。」

現年已經九十二歲的我仍在工作（今為二〇二二年），這只不過是日積月累的結果，因為從一開始，我根本沒有打算過了九十歲還要繼續工作下去。

不過，我一直相信：「今天努力了，明天也一定能繼續努力。」

過去五十年來，我每天早晨都堅持做三十分鐘瑜伽，其中也包含冥想。而冥想的核心要義就是「專注於當下」。與其擔憂明天會如何，不如全力以赴地過好今天。

今天的努力，一定會連結到明天。因此，我相信明天也一定能繼續努力。這種信念，長年以來一直支撐著我。

每天睡醒後，新的一天就此展開。透過這樣的循環，我讓自己每天都能「重置」，以全新的心態去實踐「專注於當下」。

對我來說，今天並不是昨日的延續。如果早晨剛醒來，就開始想著「還好睏啊，要不要再睡一下？」或「換衣服去公司好麻煩……」，那或許代表昨天還沒有真正結束，內心仍未能徹底重置。

即使昨天發生了什麼失敗的事，也沒有必要把它帶到今天來煩惱。過去的事情，終究只是過去，已經無法重來。因此，我們唯一能做的，就是放下昨天，重新調整心態，全力以赴地過好今天。

我之所以堅信「今天努力了，明天也一定能繼續努力」，還有另一個理由——無論年齡多大，人都可以一點一點地成長。就連肌肉，只要持續鍛鍊，無論到了幾歲，都還是可以變得更強壯。

孩子在母親的肚子裡時，每一天都在茁壯成長。出生後，他們仍然不斷進步，學會翻身、開始爬行，然後扶著東西站起來，最後能夠自己走路。

作為上班族的成長也是如此。剛入職時什麼都不懂，但隨著日復一日的經驗累積，技能也不斷提升。或許不像嬰兒那樣迅速成長，但每天的進步，長久下來也會帶來巨大的變化。

即使到了九十二歲，我依然能感受到，自己今天比昨天成長了一些，而明天也一定會比今天更進步。

正因為相信「明天會比今天更進步」，我才堅信：「今天努力了，明天也一定能繼續努力。」

凡事徹底執行，尤其重視清掃

將平凡且理所當然的事徹底執行——這是非常重要的，但正因為這些事情過於理所當然，容易被忽略，許多人往往無法堅持做到。

但如果只是敷衍地做，那也毫無意義。唯有徹底執行，才能發揮真正的價值。

雖說將理所當然的事貫徹執行一天、二天，不會帶來顯著的變化，但如果持續進行一年、二年的話，情況就會大不相同了。

正如人們說「持之以恆，必有所成」，意思是在點滴積累之下，終將帶來巨大的變化；這也就是「積小成大」的道理。

而對於每一件看似理所當然的事，不只是去做，而是徹底把它做好，才是「凡事徹底執行」。

打招呼、遵守時間、保持儀容整潔……當我們細細思考，會發現應該徹底執行的事情其實不勝枚舉。

但大致可以從所謂的「５Ｓ」方向去做。

也就是整理（Seiri・せいり）、整頓（Seiton・せいとん）、清掃（Seiso・せいそう）、清潔（Seiketsu・せいけつ）、習慣（Shitsuke・しつけ）。

而我認為其中最重要的，就是「清掃」。

如果不清掃，整理與整頓便無從談起。

當我們清掃辦公桌並進行整理整頓時，也應順便清理電腦中無用的檔案與軟體，將其刪除。

當辦公桌與電腦井然有序時，所需物品一目了然，工作效率自然也能提升。

甚至可以說，桌面與電腦的整潔程度，會影響使用者的思維狀態。當整理整頓妥善時，不僅思路變得更加清晰，思考速度自然也會加快。

現任董事長在從前擔任總經理時，最常說的就是：「產品能夠即時交付很重要，但更關鍵的是立即回應的能力。」關於這點，我認為如果能確實做好「清掃」，然後「整理整頓」，就可以做到「立即回應」這件事。

如此一來，不僅面對上司、前輩或客戶的突發請求，能夠從容應對；而當客戶來電或發郵件詢問時，也能立即給出答覆。

此外，乾淨整潔的辦公環境，確實能夠提升員工的工作動力。讓大家更有幹勁。我從新人到現在，早上一進公司必然會做的第一件事，就是打掃。

自己的辦公桌附近或是會議室及洗手間等公共空間，我也會進行清掃。

在日本的學校，會把孩子能夠自行完成教室、走廊、洗手間的清掃，視為教育的一環。但在海外，這些工作往往交由專業的清潔人員負責，因此外國人對於日本孩子主動清掃的習慣感到相當新奇。

而日本的許多企業也會與海外學校相同，聘請專業人員負責辦公室清潔。然而在我們公司，除了特定區域，工作場域的清掃都由員工率先執行，這從我六十六年前進入公司到現在，從來沒有改變過。

身為熟悉公司文化的資深員工，我也負責新進員工的培訓。在培訓中，我總是強調凡事徹底與清掃的重要性。

前些日子，我偶然看到一個進公司才一年的新進員工，在使用洗手間的洗手台後，細心地用紙巾擦拭水漬。

我對他說：「早啊！你把洗手台擦得好乾淨，謝謝你啊！」

結果他笑著回應：「課長，您在新進員工培訓時說過，清掃是最重要的事，這就是凡事徹底啊！」

「哎呀，你還記得呀！」我心裡感到十分欣慰，覺得自己所傳達的理念，真正落實到員工的行動中。

業務工作從清掃開始

「業務工作從清掃開始」是我多年的看法。

作為業務人員，應該注重個人儀容。整理頭髮、修剪指甲，並且在服裝上也要注意，避免給對方帶來不愉快的感覺。

的確，第一印象非常重要。「人靠衣裝」這句話有其道理，第一印象決定了對方是否會對你有好感。如果對方覺得「這位業務人員儀容整潔」，就會產生正面的印象；反之，如果覺得「這人不愛乾淨」，則會對你留下負面印象。

而且，第一印象一旦形成，便很難挽回。

即使在第二次見面時想要有所改善，仍然很難，因為第一印象的影響力實在非常強大。

這不僅僅是業務的問題，公司給人的第一印象也是如此。當客戶第一次來到公司時，第一印象就已經定型。

無論是玄關和會議室等「外觀」要保持整潔，連走廊、廁所等地方的清潔也要做到位。員工的桌面是否整理有序？工作態度是否明朗且充滿活力？

只要這些方面都達到合格標準，客戶才可能會想：「這家公司很棒，我要多和它做生意。」

事實上自疫情以來，公司和每位員工在防疫措施上的投入，是否認真且合理，也成為衡量公司好壞的重要指標。如果公司或員工的防疫措施不充分，那麼它們對於商業環境變化的適應能力也可能令人懷疑。

因此，不僅是與客戶直接接觸的外勤人員，內勤員工也應該視為業務活動中的一員，而他們的基本工作之一便是清潔。

至少，我是以這樣的心態一直工作到今天的。

在清掃時，讓人更能站在對方的立場思考

清掃是5S的基礎，在做這件事時，有助於培養當事人站在別人立場思考的工作習慣。

比如來我們公司拜訪的客戶，都會經過員工工作的區域，走向接待室。因此，每次在整理桌面時，都會希望能讓來訪的客戶看得舒服。

而在清潔會議室時，也會想著，要讓下一場會議的使用者能夠舒適地開會。

或是前面提到的那位新員工，當他把洗手台的水漬擦乾時，也是抱著「讓下一位使用者也能愉快使用洗手台」的想法，才會那麼做。

所以，當在公司清潔許多人共用的區域時，很容易讓人想到自己以外的其他人，會帶著什麼心情來使用這些設施。

這就是站在對方的立場來思考。

無論做什麼工作，考慮對方的感受都是很重要的。對於業務部門來說，應該了解客戶的心情；對於公司內部其他部門來說，應該體察同事的心情，同時，也需要考慮到接手自己工作後續的同事，並在這樣的考量下完成工作。

如果自己的工作延遲了，會給負責後續工作的同事帶來時間上的負擔。若能如此思考，就能避免自私地進行工作，或只停留在自我滿足的狀態。

在工作時，我們應該思考客戶在使用產品或服務時的感受。清掃工作正是培養這種習慣的好方法。

所以，是選擇「因為上司說了，所以隨便做做」這樣被動地打掃？還是站在下個使用者的立場，自發性地去清掃？

我認為，身為員工若能像後者那樣進行日常掃除，長久下來，一定會有大幅的成長。

凡事貫徹執行建立自信

雖然對於剛入社會的年輕人，也會提到「凡事貫徹執行」，但我想他們未必能夠立刻理解。這對年輕一代來說，或許是個陌生的詞語。

不過，如果是曾經參加過校內社團活動的人，我會這樣告訴他們：

「你們應該有在社團裡，遇到教練或學長姊要求你們做某些事情時，心裡會想：『做這些事有什麼用？』甚至覺得很沒意義。但是，隨著時間的推移，你們會發現，這些看似無用的經驗，最終反而對自己有很大的幫助。這就是『凡事貫徹執行』的精神。」通常，這樣他們就能理解了。

另外，像練習棒球的孩子，總會被教練和指導員教導一些基本事情，比如大聲打招呼、打招呼時脫帽、練習前撿起球場上的垃圾並整理場地、照顧好自己的手套和鞋子、打擊後全力奔跑等等，這些都屬於「凡事貫徹執行」的基本做法（由於我自己很喜歡觀看和參與體育運動，因此我會經常提到與運動相關的話題，還請多多包涵）。

即使熱心於打招呼、整理場地或保養道具，這些行為可能不會直接促進個人技能的提升。

然而，如果每天都大聲打招呼，團隊的凝聚力自然會增強。如果認真地整理場地，就會親眼見證場地狀況如何隨著四季變化和天氣不同而改變，這些無意識的經驗可能會對守備或打擊技巧產生影響。

如果你在保養道具的過程中，發現自己的一些弱點，像是發現鞋底的磨損不均，這也許會成為改善投擲或打擊姿勢的線索。

「凡事貫徹執行」的最大好處是，無論在運動或工作中，持續做下去的自信會隨之增強。在做任何特別的事之前，極致地做好平凡的事，所帶來的收穫是無法估量的。

當你能夠做到「凡事貫徹執行」，它就會成為一種日常習慣。

鈴木一朗因重視日常習慣而廣為人知。

他回顧高中三年的生活時說：「每晚睡前，我會花十分鐘練習揮棒。雖然只有十分鐘，但我每天都做，整整一年三百六十五天我都沒有間斷過。」

對棒球選手而言，揮棒練習可說是最基本的事。而鈴木一朗的厲害之處就在於，他將這件事當作日常習慣，連續三年從未間斷。

此外，在比賽日，他總是比任何人更早抵達球場，默默地完成跑步、伸展等基本訓練，始終如一地堅持。

對於一個公司來說，當所有人都致力於「凡事貫徹執行」，自然就會形成一種秩序。

而當這種秩序長期維持下來，一旦出現些許混亂，就能察覺到組織內部可能發生了異常，這也有助於減少工作上的失誤。

同樣地，對個人來說，若能養成「凡事貫徹執行」的習慣，也能更敏銳地察覺自身的異狀。當專注力下降時，會意識到該增加睡眠時間；當感覺無精打采時，會主動補充營養充足的飲食。這些日積月累的自我調整，最終能讓自己維持在最佳的狀態。

面對被指派的任務，你就是主角

當上司交付一項任務給你，那便是你的責任。

與其抱持「因為上司吩咐了才去做」的心態，不如將其視為自己重要的任務來執行。

就算這任務是其他人委託的，但從你接受的那一刻起，就意味著你要負起責任。帶著這樣的責任感去工作，是我一直以來非常重視的態度。

在公司裡，每個人負責的工作各不相同，**可是面對自己承擔的任務，每個人都是主角**。

如果抱著「這是上司的事」的消極心態，容易產生依賴，導致做事馬虎，影響成果品質。但如果能將自己視為這項工作的主角，便能減少疏忽與錯誤。

從上司手中接下的任務，不再只是上司的事，而是自己的責任——這正是「意識到責任」的意義。

不過請別誤會，雖然說到面對任務時，「自己就是主角」，可是這並不代表可以隨心所欲、獨斷行事。

成為主角，代表的是帶著責任感進行工作，而不是任意妄為。

當你認真投入一項任務，它自然會從「別人的事」變成「自己的事」，你也會開始有許多想法。但這不代表你可以完全憑個人意願行事，而是要把握應有的分寸。

一旦能在遵循規範的基礎上執行後，可以適當融入獨特的創意與想法，這樣的工作方式將會讓你感受到更有趣及滿滿的成就感。

然而，在這個過程中，過度自信或自負都是大忌。

雖然我們要帶著責任感去工作，但最終負責的是上司。如果因為獨斷行事而犯錯，最終會給上司帶來麻煩，這一點必須時刻謹記。

此外，上司在眾多部屬中選擇了你，代表對你的信任與期待。或許上司也想看看，你會如何展現能力，處理這項任務。

無論如何，讓上司覺得「把這項工作交給你是正確的選擇」，並在符合目標與期限的前提下圓滿完成，這種成就感將成為你的工作動力。無論遇到的任務是大還是小，這份態度始終不變。

找出辦得到的方法，而非做不到的理由

即使直覺認為「看起來有點難」的案子，我從未在一開始就想著「那個我做不到」而拒絕。

在找「做不到」的理由前，我會積極地以「要怎麼做才能達成？」的心態來找尋方法。

一旦想要跨越「做不到」的內心屏障，才會對工作產生創意和巧

思，也能活化大腦，持續累積經驗，身為公司員工的自己也能獲得成長。

但如果發現在截止日前「無法達到這份工作的期待」，正視問題，提早向周遭的同事求助，也是很重要的。

工作不是只能單靠一個人解決不可，公司也並非由「個體」集結、只能分工做事的地方——有些事情，反而需要整合「個體」、發揮各自才能來完成。如果有困難時，應向上司或同事尋求幫助，反之，如果有別人找你幫忙時，也應該伸出援手。

不過，**在請求幫助時，也不能不講規矩，**應該先向上司報告，「前幾天交代的工作，想要在交期之前確實完成，不知可否請求某某先生／小姐的支援呢？」必須先取得上司的同意。

上司對於這樣的請求，也很難毫無理由地拒絕吧！

這是以我目前所處的課長職位來看，因為有時也需要交代工作給下屬。

但如果是面對還不熟悉工作的新人，我會給他作業流程表——不過也有人即使看了，仍舊無法如期完成，這時指派工作的我也有責任。

因此，就上司的立場而言，如果對方能提早來跟我尋求幫忙「關於前幾天您交代的工作……」，對我來說反而是幫了大忙。

活化身心的休息，也是一種工作

人的身體狀況有高點，也有低點，如果感到「今天身體不舒服，即使去公司可能也無法好好工作」，能有提出請假的勇氣，也很重要。

在我年輕時，很多人都覺得跟公司請假會有罪惡感，但其實如果身體不適需要休息，實在沒必要對誰有罪惡感。

或者，利用有帶薪的年假也可以，不管怎麼說，好好地休息，讓身體煥然一新，恢復元氣後再上班，這樣就能充滿幹勁地工作了。

撇除非正當理由而請假，或是翹班，一旦感到不舒服，無論是身體或心靈方面的不適，寧可好好休息也別太過勉強。像運動選手常會說「休息，也是一種訓練」，我們借這個說法就是「活化身心的休息，也是一種工作。」

至於休假期間，如果有待辦的事需要處理，請預先和上司或同事進行「報告、聯絡、商量」，那麼事情就能在休假期間獲得協助處理。

以前有些企業會獎賞全勤，讚揚沒有遲到、缺席的職員，但我認為，不管身體狀況適不適合都堅持上班，絕對不是值得讚賞的事。

這件事在新冠肺炎時期就更加明確了，如果有發燒等身體不適，是因為感染造成的，卻還去上班而引發疫情擴大，恐怕對公司會造成莫大的損失。

我待過的公司都設有全勤獎，當這個獎項撤除時，我忍不住拍手叫好。雖然自己幾乎沒有休息過，但我認為堅持全勤是很奇怪的，我其實一直都這麼想。

明明身體不適，卻要步履蹣跚地、千辛萬苦像用爬的來公司上班，與其完全無法提升工作效益，還不如在家好好休息，等到元氣恢復後再回來工作，對公司或同事來說，都是一件值得感謝的事。

不過，如果身體不適的背後原因，是源於職權騷擾或性騷擾，或是因過勞而造成憂鬱症等情況，這又另當別論。

畢竟像這種情況，如果身體和心理都感到不適，並非休息一、二天就可以解決，必須儘早聯繫性騷擾防治單位，或進行心理諮商才好。

無論幾歲都不要忘記學習

我的公司有與專門舉辦教育訓練的公司簽約，以支援年輕職員的技能提升及自我啟發。

該公司也會每年更新培訓課程，讓我們公告給所有部門和職員，每個人可以選擇喜歡的課程，學費則由公司全額補助。

公司的培訓課程之所以重要，不是因為公司負擔費用，而是職員自行選擇學習的項目。而所有的上司也不會指示下屬去參加哪個課程，全部都是由員工自主選擇。因為一旦是受到他人的強制要求，誰都會失去學習動力。

近年來，也有越來越多年輕職員會拒絕部門強制參加的飲酒聚餐，所以，如果是強制要求參加培訓課程，也很難達到真正的培訓效果吧，這樣才是浪費公司的課程費用補助。

出自個人選擇的學習，不僅會有動力，較能持續下去，效果也會比較好。

很多年輕職員似乎都會去選擇以「溝通技巧」及「目標設定方法」為主的培訓課程。

當然，有些剛入職場的新人會感到迷惘，不知道該選擇什麼學習，這時候上司就需給予協助，建議幾個適合他們的培訓課程，再請新人從中做出選擇。

另一方面，在已累積一定職涯經驗的職員當中，有越來越多人可能會優先選擇管理或是領導力等相關課程。

多虧有這樣的制度幫忙，一年到頭都有人在參加培訓課程，大夥也願意主動學習。我深切感受到因此注入的新血，一直是公司持續成長的一種動力。

至於我這樣待在公司很久的人，我則會去選擇「溝通技巧」、「管理者培訓」等等的學習課程。

其實在以前，公司也有另一種形式的培訓制度。在那個時代，我參加過由橫井悌一郎開發的「管理現場課程系列」裡「自我啟發」的課程。

記得那次的課程中，有出一個作業，請大家寫出成長過程中想要感謝的事。這讓我有機會體認到，自己能走到當下，是來自許多人的支援，也是從那之後，我很重視「感謝」這件事。

夜晚時誠實面對自己的內心，多作思考

我年輕時歷經戰後的荒無，如同燒毀的廢墟，野草叢生的日本非常貧困，光是為了生存就耗盡力氣。因此，會有不得不拚命工作的想法，其

實完全是為了生存。

不像現今，人們會把想做的事變成工作，這實在是很幸福的事。國家能越來越富足，當然很好，但另一方面，也有很多年輕人煩惱「找不到想做的工作」。

對於年輕世代，我會推薦閱讀里爾克（Rainer Maria Rilke）《給青年詩人的信》這本書。

這本書為因應時下感到煩惱的青年詩人的需求，里爾克將寫給他們的信集結起來成冊。

里爾克寫道：「誰都無法給你建議或給你幫忙，不是把目光朝外看，而是直接面對自己的內心，在夜深人靜的時刻，問自己：『我不寫詩不行嗎？』」

里爾克的粉絲當中有很多知名人物，瑪麗蓮．夢露曾評論：「如果沒有讀過里爾克的《給青年詩人的信》，我會變成神經病吧！」女神卡卡也曾自曝，她把里爾克的某個詩句繡成她身上的刺青。

如果找不到想做的工作，根據里爾克的建議是：在夜晚時刻，一個人安靜地與自我對話，誠實問自己的內心深處到底想做什麼。

「想做的事」及「想做的工作」不是誰來教你，答案就在你心底，只有靜下心來，獨自一人時，持續問自己才能得到答案。

不過，只是經過一兩晚的思考，可能無法得到結論；或許需要花上幾週或幾個月，如果可以坦誠面對自己的心，應該就能找到「想做的事」和「想做的工作」。

但另外也有可能，在獨自度過好幾個寧靜的夜晚，卻一無所獲，即使這樣也沒關係。

接下來我想說的，也許有點哲學，但我真心認為，人在有生之年，就算什麼都做不了，最低限度也要能「活在當下」，然後到了明日，還是要想著「活在當下」，之後的每一天，都要這麼想著就可以了。

因為一個人光是能活著，就已經是很棒的事了，我的人生歷經戰爭及戰後，到今天九十二歲了，也深刻地感受到這件事。

如果發現活著是很棒的事，就把「活在當下」前面再加「快樂地」——我相信一個人若能「快樂地活在當下」，就能在做任何事「都感覺到開心」。

大部分會煩惱「找不到想做的事情」，都是因為負面思考所產生的想法吧！如果我們能學習轉換思考，想著「快樂地活在當下」，久而久之就能轉換成正面思考。

維持這樣的正面思考，應該就可以找到自己真正想做的事情。

・專欄・
充滿活力到百歲之
我的健康祕訣
1

規律的飲食生活

長年以來，我似乎沒生過什麼病。

不覺得自己過得很不養生，但也沒有很努力在養生。因此，如果被問到「維持健康的祕訣」時，我總是不知如何回答。

如果一定要把什麼說得像祕訣一樣，或許就是每天我會留心在固定時間攝取營養均衡的飲食。人家都說健康的基礎就是良好的飲食，關於這點，我想我應該算及格吧。

我和小我三歲的妹妹一起生活，我們兩人分擔工作，我主外，妹妹主內，把家事全包了，飲食也是她在張羅，她很會做菜。

平日早餐我固定就是吃吐司、三種當季的水果、牛奶、蔬菜汁等簡單的洋食。休假日的早晨，大家時間都比較充裕，會稍微弄點需要費工夫的和食，我很喜歡吃黏黏稠稠型的食物，像白飯、納豆、秋葵、味噌豆腐湯都是我常會選擇食用的。

關於中餐，大約每週有兩天，我妹妹會幫我送便當到公司來，除此之外的上班日，我會去附近便利商店買東西，原本食量就不大的我，常會選擇那裡分量較少的便當來吃。

晚餐時，當工作結束後回到家，我會在家裡吃，妹妹總會在家裡做好飯菜等我，晚餐大多吃和食，主菜多為魚類。

我妹妹吃素，她不吃紅肉和魚，也會做沒有肉和魚的蔬菜料理，如醋拌涼菜或涼拌青菜。我也是吃一小碗，所以我想營養應該還算均衡。

我妹妹像是我的專門廚師一樣，對我的健康有很重要的幫助，很感謝她。

第2章 工作順風順水術

切勿過於自信，工作請提前完成

無論什麼工作，都有截止日。

在如今這個商品玲瓏滿目、目不暇給的商業化時代，與幾十年前比起來，交貨截止日更早，不維持一定的效率努力工作，就無法達成目標。

即使是一份短期工作，像馬拉松驛站接力賽或是一般接力賽一樣，都屬於一系列的流程當中的一部分。而擔任的工作也可以分成「前置作業」或「後續作業」。

如果沒有趕上截止日完成，就會波及後續作業的工作，不只給他人帶來困擾，也會造成骨牌效應，帶來不良的影響，最後可能造成顧客的困擾。

我的公司多年來一直強調一個理念：「這個任務是在支援誰？」也就是說，當你承接一項任務時，就要好好維持前者已完成的前置作業，然後做好你接手的部分，並顧及「後續作業」的窗口，以良好的成果交給後者，就像傳遞接力棒一樣穩穩地交接下去。

當我交代工作給年輕職員時，常常會聽他們回答說：「好的，我了解了。」但有些人卻沒有確認截止日。所以請養成習慣：一旦被交付工作，就務必確認完成日期。

如果交期確認後，由此倒推工作日程，就能加以控管進度。另外要注意，做事情的優先順序，不是看你個人方便或是有沒有私事，而是要以

大家共同的截止期限為最優先考量。

換句話說，當你在安排工作時，不應該以「我今天比較忙」、「我待會兒有事」等個人因素為優先考量，而是要以「這項工作什麼時候必須完成」這個團隊共同的目標為先。

其實我們的工作多半是例行公事，也就是說，大部分的工作都是既定的；因此，可以依照過去經驗來判斷，大概就能知道「這項工作，可能需要多少時間」。

甚至也可以做到類似這樣的預估：這次任務比以往費時，約需要二倍的工作量，恐怕要花二倍的時間。

為了能讓工作日程順利完成，我每天都會填寫工作日誌，如果沒寫，就無法明瞭哪項工作需要多少時間，進度的控管也會難上加難。

所有的截止日都要記錄在行事曆和工作進度表裡，如果使用電腦及智慧型手機的行事曆，就可以分享給整個小組的成員，十分便利。

不過，要特別請你留意的是，**務必在截止日期前完成工作**。如果過於自信，總是想在最後一刻完成的話，很容易出錯，以至於無法如期完工。

再說，如果有錯失，要重新再處理，也會因為時間不夠而造成任務延宕。

為了避免面對這種狀況，在排進度時，應該把截止時間再提前一些，為自己保留充裕的時間，以提前完成為目標，才是妥當的做法。

此外，當你已無法承受眼前的工作量，發現自己就快爆炸時，切勿在截止時間逼近時才哭喪著臉說：「我果然做不到。」

就像前面所提的，當你無法如期完成時，也要盡早向上司報告現狀取得意見，如此一來，上司也會伸出援手幫忙，將你手上的工作分派給其他人協助。

依「重要度」與「迫切度」決定優先順序

我的手上總是有幾件工作在忙，不只是我，我想大家可能手上同時都有幾件工作要忙吧，而且總是並存著較重要的事和不那麼重要的事。

這時候，往往會不知先從哪一件開始，如果一輕忽，就有可能超過交件時間。

為了避免這種狀況發生，我們必須要做的，是針對每件工作都標註優先順序。而標準就在於「內容重要度」和「期限的迫切度」。

首先，必須重視「內容重要度」較高的工作，因為對公司而言，意義重大的工作應最優先處理，如果無法自行判斷的話，請向上司確認吧。

另一個關於期限的迫切度，亦即，即使不是那麼重要，但交件時間卻迫在眉睫，這種工作也要優先處理，即使自己覺得沒那麼重要，但如果延遲交件，也許會造成後續同仁的困擾。

將工作的優先順序張貼出來，變成可視化，在作業管理上就稱為「待辦事項」，也就是「To Do List」。

所謂「To do」就是應做的事情，將此做成表格的 To Do List 也可以運用在孩子的學習上。

因為孩子除了學校的學習，還有補習班或才藝班的功課，說起來這樣的學習項目有很多要完成的任務，即使大腦再怎麼年輕，記憶力再怎麼強，沒有表格化，也無法順利地完成。

所以對於上班族來說，To do List 是必要的。

雖然我對自己的記憶力還挺有自信，但並不是隨時都很有把握，因此我會善用 To do List 來工作。

零失誤的「巧速」工作術

就算是大家口說一致的同一種工作，我想也是有千百種不同的做法。是該優先考慮成果品質而不是拚速度的「巧遲」？還是該重視速度而不管成果是否完美的「拙速」呢？

俗話說：「巧遲不如拙速」（再怎麼精巧，若過於遲緩，還不如笨拙但迅速），但我認為「巧遲」和「拙速」都不是理想的選擇，也不想從中擇一，我會追求兼具兩者優點的「巧速」。

與其說我追求速度，不如說我是那種即使花費較多時間，也希望把工作做得細緻周全的人。不過，我仍然努力實現「巧速」，力求在截止期限前提前完成任務。

不過，在忙碌且截止期迫近的情況下，「拙速」或許看似可行。有人可能認為，即使有些錯誤，之後還有時間補救，所以無傷大雅。

但我不這麼認為。因為如果想要求快而頻頻出錯，將導致需要重新執行的部分增多，甚至可能被迫從頭來過。

如此一來，修補錯誤將占據大量時間，不僅可能導致逾期，還可能對後續流程產生不良影響。

對於工作效率這件事，我始終認為**「沒有失誤，就是最有效率的工作」**。

可以想見，如果專心地做，並在期限內完成，失誤的可能性也會比較低；失誤越少，就越能避免花費時間與心力重新去做。因此，要達到「巧速」，需要的就是專心、謹慎的態度，如此才能在效率和品質兼顧的情況下完成任務。

而當手邊已有多項工作進行，又突然出現緊急任務時，就是考驗自身實力的關鍵時刻。

如果已培養了「巧速」的能力，就不必慌張，只要冷靜、專注，就能穩妥地完成每項工作。

專注眼前工作的簡單方法

那麼，為了避免在工作中出錯，應該怎麼做呢？

我推薦的方法是，依照To-Do清單，桌上只放上面所列的「最優先處理項目」相關的文件。

如果想要同時處理多件工作，反而容易因為意想不到的失誤而拖累整體進度。

就像我們同時使用幾個軟體，會導致電腦的處理速度變慢一樣。

假使為了提高效率而同時處理幾件工作，無論是大腦還是身體的運作能力都有其極限，最後反而會降低處理速度。

如此一來，會陷入同樣的工作完成所需時間變長、失誤也變多的惡性循環裡。

所以，桌面上應只擺放當前正在處理的工作相關資料，打造一個能專注於該工作的環境。

若桌面雜亂，不僅可能浪費寶貴時間在尋找資料上，甚至還可能導致文件混雜而遺失。

此外，手邊同時放置幾個待執行的工作文件，很容易讓人陷入混亂，增加出錯的風險。

當必須同一天完成數件案子時，先將優先度最高的工作告一段落後，然後先放置於辦公桌的一旁，暫時存放在抽屜裡。

然後接著拿出下一個案子，展開於辦公桌上，這樣就能維持桌上只處理一件案子的原則。

即使是電腦的工作，也不要同時打開幾個不同案子的檔案，而是只開最優先處理的相關檔案。在著手處理下一個工作時，要先將告一段落的檔案關閉，再開啟新的檔案。

為了專注於一項工作、減少錯誤並實現「巧速」，保持整潔是不可或缺的。

無論是辦公桌，或是電腦上作業，都需要保持整潔有序，才能更容易集中注意力，提高工作效率。

專注於工作時，也要注意周圍的狀況

我常常埋首於工作，以至於忽略了周圍的情況。

即使手上同時處理多個案件，我仍會根據重要性和緊急程度，依序從優先度最高的工作著手，穩紮穩打地完成每一項任務。因此，能否全神貫注於眼前的工作，是關鍵所在。

就像在緊急手術中的急診外科醫生，或是在陶瓷與和服上進行彩繪的傳統工藝職人，他們也都需要屏息專注，全心投入眼前的工作。

像這類高度依賴個人技術的工作，在執行時確實應該全神貫注於手邊的作業，避免外界干擾。同樣地，企業中的系統工程師在建置新系統時，也可能需要暫時隔絕外部影響，專心投入開發。

但我們的工作，不僅僅依賴個人的表現，也需要團隊合作。即使每位成員負責的業務不同，最終的成果無論好壞，都是屬於整個團隊。

由於小組成員以達成高品質工作為目標，所以全神貫注於自己工作的同時，也應該重視與周遭成員的合作。

以運動員來說，很需要「運動視野」的能力，其中包括「周邊視覺」，也就是說，在專注於眼前目標的同時，也能保持廣闊的視野，關注周遭的變化。

例如，籃球和足球選手在盯緊球的動向和對手的同時，也會運用周邊視覺來觀察整個球場的情況，尋找傳球或投籃的機會。

同樣地，我們在專心處理自身工作的同時，也應該具備周邊視覺，關注公司或職場整體的動態，並且在個人與團隊合作之間取得平衡。

剛進職場的新人往往會忙於應付自己的工作，難以兼顧周遭情況，這是正常的。

但隨著經驗累積，資深員工在專注於手頭工作的同時，也能留意周圍同事的工作狀況，所以身為前輩或管理者，就應該關心後輩的進展與狀況。

如果是負責分配工作的主管，更需要掌握團隊整體的情況。當然，過度干涉會影響下屬的自主性，因此不宜頻繁插手。但若發現「報告、聯繫、商量」的過程不夠順暢，導致可能的問題時，可以適時地以輕鬆自然的方式關心，例如：「有什麼問題嗎？」或「如果有需要討論的地方，隨時找我聊聊哦！」

「穩紮穩打型」不見得比「行動俐落型」遜色

時代變化的速度一年比一年快。像我這個年紀，要跟上變化確實不容易，但如果無法適應，就可能像恐龍一樣滅種了。

因此，我時常提醒自己：「別急，一步接一步，穩紮穩打地前進就好。」就這樣一邊告訴自己不要焦慮，一邊想著如何順應變化。

當變化的速度加快，人們總會什麼事都想「迅速」應對。

但「迅速」，不單是指「速度快」，也包括「提早行動」。

「速度快」是指在同樣時間內以更少的時間完成目標，而「提早行動」則指提前準備、提前進行。

每個人的特性不同，有些人是擅長「速度快」的俐落行動型，也有些人適合「提早行動」的穩紮穩打型。

以我來說，比較屬於後者，習慣提早開始，再一步步慢慢、謹慎地完成。

其實，就算時代變化速度加快，也不代表所有人都必須變成反應迅速、處理飛快的類型。重要的是，根據自己的特性，找到適合的方式去面對變化。

否則，對於中高年齡的員工來說，就沒有選擇的餘地，只有面臨被淘汰的命運。

而且關於這點，我還有不同的看法。

我想，即使是擅長快速的俐落行動型，如果過於拖延、遲遲不開始，最終也可能無法在期限內交出好品質的成果。這正是寓言〈龜兔賽跑〉中兔子的狀況。

我常會閱讀商業書籍，發現大多數都在提倡高效率、講求快節奏的工作方式。

可是我認為，如果只是一味追求效率，卻無法確保最後的成果品質，那就毫無意義了。

像我這樣屬於穩紮穩打型，處理速度不算快的人，只要提前開始、按部就班地推進，也能在截止日前完成高品質的工作。

道理很簡單，如果從早上十點開始，覺得當天下午五點前做不完，那就提早到九點開始動工就行了。這就是〈龜兔賽跑〉中烏龜的策略。

比起穩紮穩打型，行動俐落型往往給人更聰明、幹練的印象，所以可能會有更多人嚮往這種風格。

我相信，如果能同時具備行動俐落和穩紮穩打的特質，那當然是最強的組合。然而，根據我多年來的工作經驗，行動俐落型的人通常不擅長持續穩定地進行工作。

相較之下，像我這樣的穩紮穩打型（雖然這麼說可能有點自誇），似乎更傾向於誠實地面對工作、踏實地執行。

工作並不像田徑賽或游泳比賽那樣，單純在比拚速度。最重要的是，在截止時間前，做出高品質的成果。

看到這裡，你應該能夠判斷自己是行動俐落型還是穩紮穩打型。我認為如果能夠充分發揮自己的優勢，同時靈活應對環境的變化，兩者兼具，就是最好的狀態了。

最恐怖的是習慣

我們公司從一九八三年起，為了改善企業體質，就開始推行TQC（全面品質管理）活動。

這活動至今已持續將近四十年了年，也就是說，無論如何努力改進，工作總還有提升的空間。

不論是新的工作內容，還是日常的例行業務，都有可能進一步提升品質或提高效率。

我平時就常思考：「要怎麼做才能讓工作品質更上一層樓？」或「有沒有什麼方法能更加提升工作效率？」會這麼想，應該是長年累積的ＴＱＣ活動已深植於我的思維了吧。

因此，即使面對固定的例行業務，我也從來不會感到厭煩。因為我總相信這個月應該比上個月好，今天也應該比昨天做得更好才對。

抱持這樣的心態工作時，就會發現有新的地方可以改進，而這也成為我能夠持續工作的動力。

最令人擔憂的，莫過於「習慣成自然」。

如果只是沿襲去年的做法，或是重複上個月、昨天的模式，讓工作變成一種機械式的「作業」，那就危險了。

因為當工作淪為單純的作業時，就難以從中找到樂趣，工作的熱情也會逐漸減退，最後很可能導致工作品質低落或失誤發生。

很多人認為ＴＱＣ活動是在削減業務中「無用的流程」。但有時候看似無用的部分，其實是有意義的。「無用」又分為：**有意義的無用，和無意義的無用。**

我們應刪減沒有意義的「無用」，以謀求效率，而有意義的「無用」反而應該保存下來。

人們常說，人生中沒有真正的「無用」，如果無論什麼事都能從中學習，就一定有所收穫。就像在工作中，那些看似無用的事，有時反而能帶來新的啟發。

所以在斷然決定「這個流程沒必要，應該刪除」之前，不妨先思考，為什麼這個流程一直被保留下來？其中是否隱藏著某種意義？

這樣一來，就能讓「無用」不再只是單純的無用，而是轉化為更有價值的存在。

每天早上用二十分鐘讀報紙標題

我每天早上都花二十分鐘的時間，閱覽報紙的標題，如果遇到不懂的單字，我會查詢是什麼意思。

近年來在商務上，常會看到有人使用從沒聽過的英文字母組合或是單字，例如，「5G」「DX」「GX」，在五年前都沒有看過。

以前如果有不知道的字，只要去查查字典就能了解，但像5G、DX、GX這種新的詞，在舊的字典中是不會記載的。

不過現在只要透過智慧型手機或電腦，在網路上查詢，無論多新的語言，都能理解意思。

所以，我不是使用字典就是網路進行查詢，向來都善用這二種方式。

重要的是，查詢字典或是網路後，不是只有知道意思後就算了，因為自己還不會運用，套句古語就是還沒有成為腹中之物，也就是自己肚子裡的墨水。

倘若一旁同事問我：「5G是什麼？」如果你可以輕鬆地用溫和的語句說：「我也是最近才知道，這是新的通訊技術，可以一次傳送很多資料……」如此的解釋，才算是變成自己肚子裡的墨水，成為自己的常識。

實際上，即使沒有人問你，也應該在理解的過程中思考，如果有人問到這個意思，你該怎麼解釋……這樣，你的學習將更容易鞏固。

職員也應胸懷創業家精神

近年來，越來越多年輕世代工作一陣子後，學習到一些技能，就會想要獨立創業。

七十年前，一手創辦我們公司的首任董事長，也是活用自己在大型鋼鐵製造業工作的經驗創業。

我自己雖然從未想過要創業，但一直抱持著創業家的精神來工作。至於外界怎麼評價我不得而知，不過我認為自己多少具備一些創業家的精神。

比如上司派給我的工作，我不太會完全按指示照辦，而是習慣融入自己的想法，不斷嘗試各種創意與改進。

記得我們創辦人還任職時，發生過一件事。

當時還沒有電腦，我擔任會計事務，無論記帳或單據的整理全部都是用手寫的，那是個用算盤計算的時代。

開立各個交易商的銷售量及應收款等等單據，我負責確認每個月全部的交易是否都與帳簿上相符，這項業務相當煩雜，也容易失誤，這是最困難的地方。

為了解決這個問題，我買來多層文件夾，按照客戶分類存放單據，並改為每十天結算一次，而不是等到月底才統一核對。

這樣一來，作業流程更加簡單，也能減少錯誤發生的機會。

雖然擅自行事並不值得誇耀，但這次的改變讓客戶很滿意，還稱讚我們公司「帳單來得很快，幫了大忙」。到目前為止，公司系統也會延續這樣的想法，在結算日的隔天，就能發出請款單。

從那以後，即使沒有上司的指示，只要覺得某個點子有趣，我也會盡量將其具體化並提出建議。

有時候會獲得認可，被採納實行，但有時也只是被回應一句「嗯，再看看吧」，最後就不了了之。

其實，無論上司給出什麼評價，我本來就喜歡一想到點子，就好好地深入思考，所以即使點子沒被採納，我也不會感到沮喪。

這個世界並非只有「受雇於公司」或「獨立創業」這兩種選擇。

如果沒有孤注一擲創業的勇氣，那麼在企業組織中發揮創業精神，以創意的方式推動工作，也是相當不錯的選擇。

是追求「晉升」，還是「升等」？

職員的類型當中，大概可以分成二種類型。

一種是從一般正職職員起步，從主任晉升至課長再到部門經理，以升遷為志向的類型。

在我剛入職的五零年代，都普遍以年資來評定報酬，所以做得久，就會獲得升遷。上司大概都是年長的男性，那也是個會在乎同期當中誰先升遷的時代。

隨著升遷，薪水也慢慢地提升，那也會成為一種工作的動力。

但三、四十年後，依年資升遷的制度瓦解，來到更重視成果的時代。如此一來，光是長年工作，也無法自然地晉升，漸漸地，年輕的上司或女性上司的出現，也不足為奇了。

在公司內部，除了「升職」之外，還有一種名為「晉升職級」的制度。

這是根據員工的能力，依照公司內部規定授予與職稱無關的「職能資格」，例如從1級升到2級等，代表職級（等級）的提升。

晉升職級與年齡或性別無關，而是基於員工在工作執行能力上的成長與提升。此外，職級的晉升也是衡量員工是否具備升職資格的指標之一，因此與升遷類型的發展方向有部分重疊之處。

當你對公司感到不滿，或對自己的職涯發展感到迷惘時，不妨思考一下，對自己來說「升遷」比較重要，還是「升等」更有價值，弄清自己屬於哪種類型，或許會有所幫助。

以前我曾有個女性下屬因為晉升的煩惱私下來找我討論：「我一直很努力，但無法升遷。」

不過，就我所見，她似乎是那種更看重職級晉升的人。

我問她：「你對自己的工作應該相當有自信吧？」她馬上回答：「是的，我很有自信。」

我接著說：「既然如此，那就別太在意，也無須用有沒有升遷來評價自己。不如專注於提升自我的專業能力，努力將自己的技能提升到足以讓大家驚豔的程度。如果因此還獲得升遷，就當作是額外的驚喜吧。」

她似乎聽進去了，整個人豁然開朗。

其實我自己也比較偏向於提升自己的專業能力。我並不渴望頭銜或升遷，而是希望能將自己想做的事情做到極致。

在公司這個組織中追求自己想做的事，並且從中感受到成長，這種滿足感是無與倫比的。

順帶一提，我們的公司當中，每年都會頒獎給當年表現傑出的員工「最優秀獎」、「優秀獎」、「新人獎」。

判斷基準就是年資和工作成績評比各占一半。會加入年資為評斷標準，也是為了避免完全以成果來論定。這樣一來，無論是追求升遷或升等的員工，都有機會得到鼓勵。

在年輕一代中，似乎有越來越多人既不關心升遷，也不關心升等，而是重視工作與生活的平衡，以及和家人共度的時光。

當然，每個人都有不同的生活方式與工作方式，我認為以「工作與生活平衡為重」的態度來工作，也是不錯的選擇。

的確，與五、六零年代經濟高速成長時的「拚命上班族」不同，現在已經不再是可以犧牲生活與家庭，單純以工作為先的時代。如果最終因為過勞而死，那就得不償失了。

工作是為了充實每日的生活，讓自己和家人過得更幸福，因此我認為過勞死是本末倒置了。

不過話說回來，假如因為獲得升遷而加薪的話，對生活和家人也都會帶來好處；當然，如果升等而提升自信，變得更加積極正向，也一樣對個人和家庭的生活發揮正向的作用。

從這個角度來看，重視工作與生活平衡並不意味著要徹底放棄升遷或升等的期望，也不應該以消極的態度去面對，如果只是默默完成上司交代的工作，以不被開除為目標，這樣的態度其實是相當可惜的。

隨著ＡＩ化和機器人化的進化，圍繞在有限工作數量的競爭，將變得更加激烈，而消極面對的人便很可能會失去立足之地。

即使是從早上九點到下午五點的工作時間算來，一個人幾乎有三分之一的人生是在職場中度過，因此，不能小看這段時間的利用，有必要好好去思考如何充分而積極地度過。我認為，在這個過程中，升遷和升等就成了很重要的動力。

結束時總是保持笑容

在和人初次見面之前，不論對方是公司內部或外面的人，都要盡可能先收集資訊加以運用。

不過，他們可能與名人不一樣，想要透過網路取得相關資料並不是那麼容易，所以可以向周遭的人打聽一下：「這次來訪的客人是怎樣的人？」或許就能得到一些你意想不到的訊息。

正如孫子兵法中所說「知己知彼，百戰百勝」，並非要你以敵對的姿態應對，但是掌握對方更多資訊，絕對是有益無害。

當你想要了解對方，也會成為一種「氣息」傳遞給對方。

自古以來就有人說：「我們會喜歡上喜歡自己的人。」

事實上，當我們感受到對方對自己感興趣時，內心也會自然地產生相應的關注。

如果你的關心能夠成為契機，讓對方也對你產生興趣，那麼即使是困難的對話，也會更有可能順利進行。

相反地，若你對對方一無所知，等於「空手而來」，那麼這種狀態可能也會在無形之中傳遞給對方，讓對方感受到你的冷淡或缺乏興趣。

換個角度思考，你就會明白。

如果對方「空手而來」，難道你不會也感受到他對你漠不關心嗎？

真正的交流其實是從了解對方開始，並且要讓對方也認識自己。

這一點在業務交流中尤為關鍵，可說是黃金法則。

在會議或洽談結束道別時，務必提醒自己保持微笑。

「結束時一定要帶著微笑」是我一直堅持的重要信念。

如果談話進行順利，彼此自然會露出笑容。

即使討論未能如預期般順利，我也會禮貌地說：「今天非常感謝您，先告辭了。」甚至還會記得加上微笑。

人很奇妙，當看到對方微笑，自己也會不禁微笑起來。如果能以微笑告別，對方就會留下良好印象，進而產生「還想再見面」的想法。

如果有機會再見，即便是較為困難的話題，也可能因為彼此放下心防，而順利進行。

相反地，若道別時板著臉，就很可能不會再有見面的機會了。所以為了讓彼此帶著「還想再見」的正向心態告別，我始終會提醒自己：「結束時一定要帶著微笑。」

期待環境改變

耶穌曾說過：「新酒不可裝入舊皮囊，否則皮囊會破裂，酒也會流失，皮囊也將損壞。新酒應該裝入新皮囊，這樣才能讓酒與皮囊都長久保存。」

這句話同樣適用於企業經營。我認為，要讓新的想法與創意發揮價值，就需要與之匹配的組織與環境。

在這個變化快速且劇烈的現代社會，能夠不斷運用新技術與創造力的公司，往往是引領業界發展的關鍵力量。

而那些能夠因應時代需求的企業，通常也會為年輕員工提供展現才能的舞台；不光是鼓勵他們「要有創意」，也願意打造讓年輕人發揮潛力的環境。

我覺得更重要的是，公司必須創建吸收年輕員工的機制，或是給予有潛力的年輕人升遷或升等的工作環境。

此外，主管在支持年輕員工的成長方面，也扮演著不可忽視的重要角色。

我們公司過去是以業務拜訪的模式為主，但如今網路交易大約占了七成的業績。

因此，我們每年都投入大量資金強化網路相關業務。

隨著網路交易成為主要模式，業務部門的角色也發生了變化。像過去的工作重點，是在於尋找客戶的需求，例如「需要哪些螺絲？數量多少？」但如今，業務人員不僅要了解這些基本需求，還需要針對客戶的背景，提供適合的產品建議，轉變為具備顧問性質的銷售模式。

然而，就算是重視新思維，有些核心價值也不應改變。

拿我們公司來說，始終會以「這麼做對誰有幫助嗎？」的信念來為客戶服務。這樣的核心想法不僅不應改變，也無須改變。

也就是說，一個公司若要嘗試新事物，必須以不影響核心信念為前題，如果為此而無法靈活適應環境變化，那麼終將像恐龍一樣走上滅亡。

「對別人有所幫助」成為我們的動力

其實我認為，帶著「這份工作對別人有所幫助」的心態去做事，蘊含了一種「志工精神」。

或許有人會覺得，志工活動本來就是個人無償奉獻的行為，用在職場上來談，似乎有些奇怪。

不過，所謂的志工，本來就是主動參與高度公共性質活動的人。日本的志工活動因一九九五年阪神・淡路大地震的大規模投入而受到關注。

事實上，任何工作多多少少都帶有公共性質。即使領薪的上班族，若能懷抱志工精神，「希望對他人有所貢獻」的態度來工作，不僅能帶來極大的充實感與滿足感，內心也會因此獲得滋養。

人雖然有自我中心的一面，但內心深處往往也有著「想為他人付出」的利他之心。

我很幸運，至今年過九十，仍能持續工作，每天都感受到「我的工作對他人有所幫助」的充實感，這種感覺成為我努力不懈的動力，我唯有心存感激。

我在二〇二〇年榮獲金氏世界紀錄認證之後，常常受到地方邀請演講，能夠談到像「請讓年長者勇氣倍增」的機會也變多了。

每當受邀演講時，我都和大家分享自己以志工精神來面對生活，並且強調這件事的重要性。

在年長者世代裡，也有人會說，自退休以來，「每天感到無精打采」、「沒有想做的事感到很無聊」。

其實，如果年長者行動和腰部都還可以的話，不妨到鄰近公園幫忙清掃和除草。我想，假如想要對他人有所幫助，從身邊做起應該是不錯的開始。或是去詢問政府單位，應該也會幫忙介紹志工的工作機會。

諾貝爾和平獎得主德蕾莎修女曾說過：「對人們來說，最應該感到悲傷的不是生病也不是貧窮，而是覺得自己不被這世上的任何人所需要。」

此外，她還說：

「我從沒有向上帝祈求成功，只是渴望可以挑戰而已。」

無論是工作或其他的活動，如果可以持續對別人有所幫助，並且給予自我挑戰，我相信一定會為自己的人生帶來金錢也買不到的充實感。

·專欄·
充滿活力到百歲之
我的健康祕訣
2

每天早上30分鐘的瑜伽是必要的

我每天早晨練習瑜伽，至今已持續五十年了。最初是基於本身的興趣和好奇，參加公司健康保險的研習營，沒想到就開啟了這段學習旅程。

瑜伽的派別很多，我當時學的，是由哲學家佐保田鶴治先生創立的。一次偶然的機會讓我發現，原來佐保田先生是我的親戚（當時課程由他的弟子授課），或許也是這個緣分，我才持續下去，以至於越學越入迷。

許多人以為瑜伽就是用身體做出高難度的柔軟動作，但其實，最重要的是呼吸與冥想。

我雖然可以做些大幅度的伸展，但即便練了五十年，依然無法完成那些高難度的動作。不過，光是呼吸法與冥想，就足以讓我受益良多。

所謂的呼吸法，其實並不複雜，方法很簡單：

首先，透過鼻子深吸一口氣，將空氣暫時儲存在腹部，然後慢慢從嘴巴吐出。吐氣時，不是一口氣完全吐光，而是像「哈、哈、哈」這樣小段式地吐出來。當吐氣結束後，試著將注意力集中在頭頂，感受氣息彷彿停留在那裡。據說，這樣能夠活化大腦，讓思緒更清晰。

呼吸是身體運作的能量來源，調整好呼吸，便能讓身體充滿活力，帶來更好的精神狀態。

至於瑜伽的冥想方式有很多種，而我採取的是最簡單的一種：只需找一個舒適的姿勢，雙腿盤坐於地板上，挺直背脊，輕輕閉上雙眼，然後進入冥想狀態，這樣就能讓壓力如雲霧般消散。

每天大約花三十分鐘進行呼吸調整與冥想，不僅能讓身心清明，還能以充滿幹勁的心情迎接新的一天。希望你也能試試看！

第3章

訓練溝通能力

上司或前輩應率先打招呼

打招呼就像清掃一樣，是職場裡該徹底落實的基本功，也是溝通的起點。

有些人面對客戶時能熱情問候，卻在辦公室裡對同事打招呼時顯得有點生硬或敷衍。

其實，輕鬆地說聲「早安！」或「辛苦了！」讓每天的工作都從簡單的寒暄開始，職場的氛圍自然會變得更愉快。

在一個問候聲此起彼落的工作環境裡，大家不僅能感受到團隊的凝聚力，還能營造出一種專注投入的氛圍，讓工作更有幹勁。

而且在氣氛開放自在的情況下，彼此更容易聊開，話匣子一開，新點子自然就會蹦出來，不但工作上的小失誤都能坦然面對，在資訊交流上也會變得更順暢。

再者，資深的主管往往能從部屬打招呼的聲音裡聽出點端倪，比如「今天聲音有點小，是不是沒睡好？」或者「感覺有點疲憊，最近是不是太忙了？」這些小細節，其實也能讓大家更懂得彼此的狀態，工作起來更有溫度！

在疫情爆發期間，公司內戴著口罩工作已經成了理所當然的事。此外，為了防止病毒擴散，大家也被要求將交流減少到最低限度。

從營造良好工作環境的角度來看，這樣的情況其實不太理想。不過，在需要戴著口罩時，如果能透過口罩，跟同事在相遇時對視且點頭示意，也是一種不錯的打招呼方式。當然，假如能再小聲補上一句「早安」，那就更好了！

當覺得辦公室裡打招呼風氣不夠熱絡時，身為上司或前輩的，就應該主動帶頭問候大家。

如果上司以身作則，打招呼的習慣自然會擴散開來。與其不停地提醒大家「要記得打招呼哦！」說到讓人厭煩，倒不如每天精神飽滿地主動向大家問候，這樣效果更明顯。

要是上司自己都不怎麼打招呼，卻說「有事隨時可以找我聊！」這話聽起來恐怕也沒什麼說服力。

相反地，如果上司總是主動向下屬打招呼，下屬也會感受到被重視，進而更願意主動回報工作進度、聯繫與商量事情，彼此溝通自然更加順暢。

把打招呼融入日常對話

我在日常會話中會加入打招呼的用語，這是我從新人時代起就延續至今的習慣。

特別重要的是，每天早上第一次見面的打招呼。

假設昨天被交代的文件，一大早就要拿給直屬上司。此時，在我報告「文件做好了」之前，我會先說「早安」，然後一邊看著上司。如此的小習慣，也能緩和對方的心情，讓我們之間的溝通變得和諧。

因為幾乎沒有人會無視於別人跟自己打招呼，所以如此一來，就自然而然形成了一次交流。

想看看，如果一早到公司，發現上司正緊盯電腦忙著處理工作，你只說了一句「文件做好了」，那麼上司可能只會回你一句「謝謝」，然後話題就結束了。

這樣一來，上司或許也會因為忙碌而把你的文件擱一邊，久久才抽空查看。

但如果你先加一句「早安」，再說「文件做好了」，就會像觸發化學反應一樣，整個氣氛變得不一樣。

一大早就忙碌無暇顧及其他事情的上司，當聽到下屬說「早安」，也會反射性地從電腦螢幕移開目光到你臉上，對你說：

「早安！辛苦了！這是昨天交代的文件吧？謝謝你這麼快就弄好。」這樣一句簡單又帶有溫度的話語，能讓彼此的交流更加順暢。

從一早就忙得不可開交的上司，光是因為這樣一個自然的問候，也能稍微放鬆一下，做個深呼吸，並且更快注意到你交付的文件，讓相關工作更順利地進行。

打招呼的習慣，不僅有利於對方，對你自己來說也有正向影響。

當彼此打招呼時，無論是主動的還是回應的一方，心裡都會感到溫暖，這種感覺，相信許多人都有經驗。

這樣的現象其實也有科學依據——當人與人之間有交流或互動時，體內會分泌「快樂荷爾蒙」。

這種荷爾蒙名為「催產素」，它有助於緩解日常壓力，而當催產素分泌增加時，彼此的信賴關係也會更加深厚。

因此，不只是面對上司，當你要和公司其他同事說話時，如果能結合打招呼，都是值得培養的好習慣。

容易理解，能夠傳達的二步驟

對於上班族來說，說話和聆聽的方式是非常重要的技能。

工作的基本目標是了解對方的需求和不滿，並且清晰地傳達自己能提出哪些建議。

在表達時，整理自己的想法、然後傳達出來，是相當關鍵的能力。如果只會說出沒有重點的話，就很難讓忙碌的對方聽進耳裡。

或許你不擅長在腦中整理思路，那就嘗試列出重點，不必寫成長篇大論，簡單的條列式即可。

此外，試著思考這些條列出的要點應該按什麼順序來表達，這樣也能讓對方更容易理解。因為將順序調整後，就好像準備了一個簡短的台詞，可以直接用來與對方溝通。

一旦你能做到這一步，表達起來自然會更有信心。

易於理解和傳達的二步驟

- **將欲說的話逐項列出，條列式整理出來**
- **將條列式的各點試著替換成易於傳達的順序**

要有效傳達訊息，準備至關重要。而當你充滿自信地表達時，聽眾往往會產生「這個人一定有內容值得聆聽」的期待，進而專注傾聽。

說到這點，許多擅長吸引人的政治家在演講時，總是昂首挺胸，展現出滿滿的自信。

相反地，缺乏自信的人，往往難以讓自己的話真正傳入對方的耳中。

但為何會缺乏自信呢？與其說是性格使然，更可能是因為內容還沒有整理清楚。

其實，即使是平時話不多、性格內向的人，只要明確規劃好要說的內容與順序，也能減少不安，進而帶著一定的自信表達自己。

不過說話的內容固然重要，但如何傳達清楚也同樣重要。心理學實驗顯示，在溝通中，語言資訊（也就是談話內容）所產生的影響僅占百分之七。

說到這點，有些暢銷的商業書籍都提到「要做好人際溝通，說話方式的影響力占九成」。

雖然我個人不認為談話內容的影響力僅有百分之七，但如果內容豐富卻無法有效傳達，那就太可惜了。

在我看來，良好表達的關鍵在於以下四點：

①用洪亮、充滿活力的聲音，放慢速度地說話

如果對自己說話的內容沒有信心，聲音往往會變小、變得低沉，甚至不自覺地加快語速。

因此，要帶著自信，用清晰響亮的聲音，明朗且從容地表達。

只要你真心認為要講的內容重要，並渴望傳達給對方，自然就能做到。

②說話時，注視著對方的眼睛

大家都說「眼睛就像嘴巴一樣，是會說話的」，即使只是眼神交流，也能傳達想法。

而且，如果雙方透過眼神接觸、交流，對方也會認真傾聽，深怕錯過任何訊息。

③加上大的肢體動作

肢體動作等非語言訊息，也會造成影響力。用大的動作吸引對方的注意，很容易提高興趣和關注度。

張開雙手是有效的，但重點是不要握拳。握拳容易看起來像拳擊手的格鬥姿勢，顯得具有攻擊性，讓對方無法放鬆。所以，請你攤開手掌，挺起胸膛，這樣也能解除對方的警戒心。

④別忘記帶著笑容

最後有一點很重要，就是笑容。

一個帶著笑容說話的人，很難給人留下壞印象。只要人家對你有好印象，你說的話也會讓人特別容易聽得進去。

擅於說話的人，也是擅於聆聽的人

我們都知道，在學英語時，有分成聽、說、讀、寫四種技能。

而其中最根本的就是「聽」。孩子學習語言時，也是從聆聽父母說話開始的。

說話的基礎是傾聽，所以說話高手通常也是傾聽高手。

當你徹底專注於傾聽，仔細觀察說話的人，就能獲得許多提升說話技巧的訣竅。

再者，如果你還擅於傾聽，就更能累積豐富的資訊，充實自己說話的內容。

我認為要成為傾聽高手，有以下四個要點：

① 不要打斷對方說話

別人在說話，我們一定要專心聆聽。如果是在居酒屋裡閒聊，難免分不清誰在說話、誰在聽，話語一來一往，常會混在一起，這倒是沒問題。但如果在職場上，這可是大忌。

當對方在說話時，千萬別隨意插嘴，閉上嘴巴，專心當一個聽眾。

②適時應和

插嘴固然不好，但如果從頭到尾都沉默不語，而且面無表情，對方會不確定你是否真的有在聽，難免感到不安。

因此，適時沉默地點頭，或是用「嗯嗯」之類的方式應和，對方就能安心地繼續說下去。當然，點頭或應和時，要看著對方的眼睛。

③稍微將身體往前傾

以靠在椅背的姿勢聽人說話，無法給對方留下好印象。再說，姿勢不良會導致呼吸變淺，大腦運作也跟著遲緩，很可能會漏聽重要的訊息。所以請你伸展背部，挺起胸膛，安靜地深呼吸，同時仔細聽對方說話。

通常人們對談話內容產生興趣時，會像被一股無形的磁力吸引，不知不覺地將身體往前傾——如果你不自覺地這麼做了，表示你對這個話題感興趣。

即使不是真的感興趣，假如你可以在談話中刻意讓身體往前傾，對方也會覺得「你對我的話有興趣」，應該也會更樂意對你傾訴。

④必要時做筆記

對方說話的重點，或是你不想忘記的內容，不要怕麻煩，把它們記下來。當你在做筆記時，代表你對談話內容有興趣，這個訊息會直接傳達給說話者。在對方看來，這是聽眾所能給予最積極的回應。如果覺得所有內容都很重要，也可以用錄音筆或智慧型手機錄音。

對於「報告、聯絡、商量」做出「回應」

報告、聯絡、商量三件事簡稱為「報聯商」，它的重要性應不用我再多說。而這個「報聯商」的概念是由「山種證券」（現任ＳＭＢＣ日興證券）的董事長山崎富治先生命名，很多人都耳熟能詳。

要在組織裡順利推動工作，就必須活絡溝通，保持良好的資訊流通，而其中的關鍵就在於「報聯商」。

我覺得最重要的是確認工作的目的和交期，依優先順序，決定應該先進行什麼。

如果承接的工作在做到一半時有疑慮，或有可能無法如期完成時，就要盡早跟指派工作的上司或前輩「報聯商」。

那不光只是上司與下屬之間的縱向溝通，而對於共事的同仁們，也能產生良好的橫向溝通。

重要的是，在進行任務時，就該把工作內容、進度、疑點、成果等等，記錄在記事本、電腦或手機裡。因為這些備忘紀錄，是「報聯商」的基礎。

剛進公司的新人，都會被告知「報聯商」的重要性，也會認真聽取建議，勤奮地做紀錄。

然而日子一久，隨著對工作逐漸熟悉，也有人越來越覺得「報聯商」很麻煩，就會懶得執行、怠於紀錄。

但我直到今日，不管是多麼細微的事情都會做筆記，也從不懈怠「報聯商」。因為我始終記得「莫忘初衷」這句話，永遠銘記在心。

或許會有人認為「報聯商」是下屬對上司該做的事，但我認為，這不是單方面的事。**當下屬進行「報聯商」時，上司也應該給予回應**。

無論多麼忙碌，一旦下屬提出「報聯商」，上司一定要抬起頭，設身處地去傾聽，並且給予回應：「百忙之中還來報告，謝謝你，接下來也麻煩你了。」

而當下屬提早完成任務時，上司也要回應：「順利趕上了呢，辛苦了！謝謝你！」真誠地表達感謝和慰勞。

如果上司沒有給予任何回應，下屬是可以催促、詢問：「之前您指派給我的工作，應該算是完成了吧？」

當下屬做到「報聯商」，並得到上司的回應，公司裡的溝通就會活絡起來。這樣才能改善資訊流通，活化組織，並提升整體績效。

「商量」這件事不分上司下屬、前輩後輩

在「報聯商」當中，與上司或前輩商量是非常重要的一環。商量的內容相當廣泛，可能涉及自己無法做出決定的判斷問題，也可能是關於如何解決工作上的困難。其中，最簡單的商量，就是請教自己不懂或不了解的事。

有句話說：「問乃一時之恥，不問乃一生之恥。」即使感到羞愧，但如果不先解決疑問，在還沒成為終生遺憾之前，就已經對當前的工作造成阻礙。

在商量時，先釐清「已知的部分」與「尚不清楚的部分」，分辨

「理解的內容」與「尚未理解的內容」，以此把自己的思緒整理好，是很重要的。

這是因為許多人在商量時，自己都還沒區分好問題「已知」與「未知」、「理解」與「不理解」的部分，導致問得模糊不清，對方也不知道問題是什麼。

有些人會裝作知道或理解，這也可能讓自己在日後吃大虧。與其一時只管自己的面子或怕丟臉，不如在工作中遇到自己不懂而感到困擾的事、或因為不理解而受到阻礙的問題時，坦率地尋求他人協助，這樣的態度才是最重要的。

當我們向他人請教時，不僅能解決疑問與困惑，還能讓溝通更加順暢。而被請教的一方，因為感受到被信賴，往往也會覺得開心，進而促進彼此的良好互動。

我至今仍記得，大約五十年前，當我剛擔任課長時，有位下屬對我說：「玉置課長，我聽說您對公司的事無所不知，而且總是知無不言，所以特地來請教您。」當時這番話讓我非常高興，至今仍印象深刻。

請教與學習無關年齡或職位，也與性別或關係遠近無關。不只是「後輩向上司或前輩」請益，有時「上司或前輩」也會向後輩請教。

例如，我自己在電腦操作上遇到困難時，經常會向身旁的年輕同事求助：「能幫我一下嗎？」遇到問題時，向後輩尋求幫助也是很自然的事。

有時，當對方無法直接解決時，他們甚至會說：「我去問問比較熟悉的人！」然後找來其他部門的專業人士，讓我能進一步向對方請教。

能夠毫無顧忌地向比自己年輕七十歲的人請教，對我來說，已經是適應社會、順利處世的一種方式。

之所以能夠這樣自在地商量，也是因為平時就有持續與對方溝通。如果沒有這樣的基礎，即使想要請教對方，也會難以跨出第一步。

有時候，如果發現對方正在忙碌，就會說聲：「不好意思，打擾你了。我再去問問其他人吧。」然後，再去尋找適合的對象，直到找到可以商量的人為止。

將「不好意思」改成「謝謝」

當一個人習慣以負面角度思考事情時，不僅思想會變得消極，連行動也容易變得畏縮。如果到了過度害怕的地步，哪怕是小小的失誤，都可能讓人在嘗試新挑戰前就打退堂鼓了。

我會提醒自己保持正面思考，這樣才能不畏懼小小的失敗，並且積極投入工作，勇於迎接挑戰。

那麼，該如何將負面思考轉變為正面思考呢？最簡單的方法，就是把「不好意思」改成「謝謝」。

「不好意思」是負面的語言，一旦成為口頭禪，不知不覺就容易陷入負面思考，而「謝謝」是正向的語言，一直掛在嘴上，也會讓人在不知不覺中習慣了正向思考。

比如說，在公司搭電梯時，有人幫忙按著開門鍵，讓門不會關上，這時候，你是否會下意識地說一聲「不好意思」呢？

其實，這種情境並不應該道歉，而是該跟對方表達感謝。對方特意幫忙按住門，應該說的是「謝謝」，而不是「不好意思」。

如果你說了「不好意思」後再走進電梯，請觀察一下那位幫忙的人，對方可能只是默默點頭，不會有特別的反應。

但如果你改成說「謝謝」，會有什麼改變呢？我想，對方很可能會露出微笑，感到開心。

我們常常在不知不覺中，把該說「謝謝」時，換成了「不好意思」。

其實，除了真正需要道歉的時候，其他時候幾乎都可以換成「謝謝」，這樣就可以了。

早上出門時，可以抱著遊戲的心態挑戰看看：「今天在回家之前都不說『不好意思』，而是用『謝謝』來應對！」這或許能成為將負面思考轉變為正面思考的契機。

不說教，不話當年勇，不說妄語

當上司或前輩在聆聽年輕職員的話時，不應只是用耳朵聽，而是要用心去感受。

年輕職員或許會對公司和工作提出各種創新想法，這時候，如果做前輩的人只是聽聽而已，很可能就會擺出資深的架勢，直接潑冷水：「這種天方夜譚怎麼可能實現？」

然而，若是用心去聆聽，就會在內心留下深刻印象，甚至產生「我想要支持這個滿懷熱情的年輕人」的想法。

而當年輕人提出宏大構想時，作為上司或前輩的，與其直接潑冷水，不如引導他們思考當下能夠實踐的部分，幫助他們腳踏實地邁出第一步。畢竟，如果沒有時刻審視現狀並持續努力，那麼當機會降臨時，也可能會錯失良機。

上司與前輩還需注意，切勿變成說教、沉迷於回憶過去的輝煌事蹟，或是愛講誇大的故事。

當與年輕人交流時，上司和前輩往往會忍不住談起自己年輕時的英勇事蹟或得意經歷。由於這些故事缺乏驗證，可能會越講越誇張，甚至添油加醋。

隨著年齡增長，人也變得健忘（儘管對過去的事倒是記得很清楚），因此，可能忘記自己已經講過了，於是不知不覺中反覆說了好幾次。

對於年輕人來說，某些經驗在第一次聽到時，或許還會讚嘆：「前輩好厲害啊！」但一旦被迫聽了好幾遍，就只會徒增困擾了。我可能也會犯這種錯，因此，除非年輕人主動詢問，否則我會刻意避免提及那些無關緊要的往事。

此外，上司或前輩有時也會分享過去的失敗經驗，這本身無可厚非，但關鍵在於，不能只停留在「我當年失敗過」這個層面。

雖然經歷了失敗，但重點在於如何挽回局面，最終將其轉化為成功。若無法講述這個過程，我認為就不應該在他人面前談論這段失敗經歷。

因為失敗若只是以失敗告終，那就只是個笑話，從中能學到的東西少之又少。

持續燃燒的熱情

對我而言，有一句話非常重要。

那是二〇〇三年，阪神虎隊在十八年後再次奪得中央聯盟冠軍時，當時擔任教練第二年的星野仙一所說的口號是「我們想要贏！」（這是我根據筆記所記錄的內容，實際上與星野教練的發言可能會有些微差異。）

「我想要更多！我還沒發揮全力！我想要竭盡所能！」

出身於大阪浪速區的我，是個不折不扣的阪神迷，我五十歲之前，下班後常到甲子園棒球場表示支持。

不過，除了我以外，我的家人都是巨人迷，雖說是關西人，也不一定都是阪神球迷。

在這個由巨人球迷組成的家庭裡，我常感到孤單，直到十八年後，阪神終於奪回了冠軍，這一刻的喜悅讓我所有的心情都得到了釋放。

身為一個普通球迷的我都能開心成這樣，那選手和教練應該比我開心多幾百倍吧！

然而，星野先生並沒有因此感到滿足，仍然展現出無極限燃燒的熱情和渴望。

即使在極度歡愉的時刻，他依舊保持著不斷向上挑戰的態度，這樣的精神深深打動了我。與那些經常奪冠的球隊如讀賣巨人或現在的軟銀鷹隊不同，帶領這支偶爾才能奪冠的球隊教練所說的這番話，更是深入人心。

但這不只適用在棒球。

無論處於什麼樣的情況下，能夠保持熱情的人，就像星野監督一樣，必定能夠吸引和激勵身邊的人。

作為公司員工，也是如此。能夠燃燒自己的熱情，並直接表現出永不滿足於現狀、不斷追求進步的人，一定會得到他人的支持，也自然會與周圍的人建立起良好的溝通和合作關係。

・專欄・
充滿活力到百歲之
我的健康祕訣
3

唱誦般若心經

每天早上，結束瑜伽冥想後，我會讀《般若心經》。

這個習慣並不是我從誰那裡學來的，而是我自己創造的獨特流程。在我看來，瑜伽的冥想和《般若心經》是緊密相連的。

至於瑜伽和《般若心經》有什麼關聯，我並不清楚，只知道瑜伽和《般若心經》最初都源於印度，或許在某個地方有所關聯吧。

而我會誦讀《般若心經》則是深受保田鶴治老師的影響，他所寫的《般若心經的真實》對我很重要。

在冥想中，我讓自己的心情平靜，並將自己帶入「無」的狀態。而在《般若心經》中，教義是反覆念誦「一切皆空」，對我來說，這兩者幾乎是相同的。

《般若心經》的誦讀方式，是我在公司的禪修研習課程中學到的。我已經參加了約二十年的「黃檗宗萬福寺」禪修。

《般若心經》的誦讀方式似乎有多種風格，但我所學到的是在研修中教過的方式。這種方式大約需要十分鐘慢慢地誦讀。

通過慢慢地發聲，呼吸也會變得更加深長，從而感覺到能量充盈全身。

朋友很訝異我做瑜伽和讀《般若心經》這麼久，都說：「你真的是太有毅力了！」其實，這個習慣會讓我感到身心舒適平靜，心情也會變得清新，可以好好展開新的一天。

就是這個良好的感覺，才讓我可以多年來持續下去。而一旦形成習慣，如果不做就會感到不舒服。

因此，我每天都能不厭其煩地堅持下去。

第4章 成長源於小習慣

腳踏實地，穩步提升

我們公司有一種不甘於現狀、持續挑戰自我、力求更上一層樓的風氣。

總經理本身就是這種精神的最佳典範。他親自投入出貨管理系統的改良，與系統工程師（ＳＥ）合作，開發出公司獨創的程式，並成功取得專利。

在這樣的領導下，員工們也跟著隨時在思考：「還有什麼地方可以改進的？」而公司內部長期推動的ＴＱＣ（全面品質管理）活動，正是這種精神的具體實踐。

我們公司是做貿易的，主要業務是從供應商那邊採購產品，再將其出貨給經銷商的客戶。

總經理開發的是出貨管理系統，而進貨管理系統由負責的同事負責，並與我們長年合作的ＯＣＣ股份有限公司資訊中心共同設計開發。至今，該系統仍在使用中。

這套系統由熟悉作業流程的員工持續改良，為了能使用起來更順暢，每天都在進步與優化之中。

我認為，重要的是穩紮穩打，而不是一口氣追求二或三個等級的躍升。如果目標設得過高，稍作嘗試卻未能成功，往往會讓人覺得「果然還是做不到」，甚至提早放棄。這種挫折感會在心裡留下失敗的印記，進而削弱日後挑戰的動力。

因此，設定的目標只要「比現狀高一階」，才是符合自身能力、最恰到好處的前進方式。

階梯是一階一階穩步往上爬的。如果我們目標是提升一階，往往在不知不覺中就能夠達到，更可能提升到二階甚至三階。但如果試圖一次跳過兩階或更多階，恐怕會摔得很慘，帶來不必要的痛苦。

我想到平安時代的書法家小野道風。小時候在學校品德課曾經讀過他看到一隻青蛙，很激勵人心的故事。

小野道風是公認奠定日本書法基礎的人，但他也曾經對自己的才能感到懷疑，為此煩惱不已。

有一天，他在雨中散步時，看到一隻青蛙，牠正奮力跳躍，試圖抓住隨風擺動的柳樹枝。經過多次努力，終於在風把樹枝吹得更近的瞬間，青蛙成功跳上了樹枝。看到這一幕的小野道風深受啟發，重新燃起了要持續追求更高目標的熱情。

這隻青蛙能夠成功，其實是因為柳樹枝正好低垂到可以跳到的位置。如果牠一開始就想要跳向更高的枝條，也就是想要一口氣提升兩階或三階，那麼最後很可能會失敗。

因此，最重要的是，穩步提升，腳踏實地，一步一腳印地往上走。

將自己的成功經驗與周圍的人分享

挑戰向上提升時，如果獲得小小的成功，應該盡量把這種經驗與周圍的人分享。

人有時候會想炫耀自己的成功，但同時也會想要加以隱藏，以便在競爭中保持優勢。

不過我認為，還是應該公開自己的成功經驗與人分享才好。

有句話說「三人行必有我師」，與其單打獨鬥往上爬，不如在團隊內共享資訊，一起追求更高的目標，這樣才能以更有效率的方式獲得成就。

藉由與他人分享成功經驗，自己也能夠得到一些改進的建議，比如「這裡這樣改進會更好」或「這樣做或許更能提高工作效率」等，如此可以形成良性循環的效應，讓彼此都能受益。

如果站在更宏觀的角度，希望整個業界都能發展，那麼即使同業競爭者模仿我們的做法，也不必因此感到不快。

例如，在一九八二年，我們公司率先嘗試在物流中心引進「自動化立體倉庫系統」，也就是所謂的「自動倉儲」，是指商品從進貨、存放到出貨，全程無人操作，這個改變大幅提升了物流的效率。

後來同業親眼見到我們的成果後，也紛紛跟著引進。身為先行者之一的我們，看到這樣的改變，反而更加確信：「既然這麼多人模仿，那就證明自動倉庫是真正有用的。」

當時，許多競爭對手模仿我們的做法，我們也沒有因此停滯不前，因為我們始終朝著更高的目標邁進，持續精進自身的發展，所以即使被仿效也不在意。

事實上，我們在一九九二年進一步推出了「條碼系統自動倉庫」，到了二〇〇七年，更建設了「棧板式自動倉儲」，不斷推動技術升級。

這樣的思維不僅適用於企業，對個人來說也一樣。即便自己的小成功被競爭對手模仿，也不必介意，而應該懷抱「沒關係，我還能往更高的層次前進」的自信與從容，繼續向前行。

受到稱讚時，會加速成長前進

如果希望自己能成長，哪怕只是往前邁進一小步，都要先設定一個小目標。

無論目標多麼微小，只要達成了，就會感到喜悅，並建立起自信，而這份自信將帶動自己挑戰下一個目標。透過這樣的良性循環，人就能逐步成長。

不過，在職場上能更快速地前進，很多時候是來自上司或前輩的肯定與讚美。

人受到稱讚時，內心會感到愉悅。因此身為上司的人，平時應該仔細觀察下屬的努力，當他們的付出轉化為可見的成果時，要用言語明確地稱讚，因為這會激發他們對工作更熱情。

任何成就的展現，背後都少不了相應的努力。因此，不僅要稱讚結果，也要留意過程，例如：「我注意到你總是在沒人上班的時間提早到公司，默默地努力呢。」當對方聽到這樣的話，會由衷感到：「原來我的努力一直被看在眼裡啊。」這種被認可的感覺，將帶來更大的動力。

接下來要講的，是發生在我姪女身上的改變。

她在國、高中的成績都不太好，高中時甚至有一次，英文考了一個鴨蛋。我在校成績雖然也不好，但不僅是英文，就連其他科目也從沒考過鴨蛋。

那次發成績時，老師盯著我姪女幾乎空白的答案卷，發現好像有什麼東西透過來。

他覺得奇怪，立刻翻到另一面看，竟然是我姪女用鉛筆畫了老師的素描！想也知道她是完全看不懂考題，只好畫畫來打發時間。

沒想到，她畫得太過傳神，讓老師驚訝地說：「我沒這麼帥吧！」還稱讚了她的畫工。但接著，老師忍不住念她一句：「不過，既然有時間畫畫，還不如至少答個幾題吧！」

姪女一聽，理直氣壯地回應：「讓學生聽懂不是老師的責任嗎？我英文聽不懂，會不會是老師教得不好呢？」這番讓人哭笑不得的辯解，讓老師又氣又無奈。

但令人意外的是，經過這次被老師稱讚之後，姪女明顯變了。也許正是這位老師讓她體會到被肯定的喜悅，她開始認真讀書，態度有了一百八十度的大轉變。最後，她還以不錯的成績畢業，並且考上大學（雖然老師建議她報考美術學校，但她選擇了一般的四年制大學），畢業後順利就業，如今已經是獨當一面的社會人了。

因為「想被稱讚」而努力，這種動機稱為「外發性動機」，因為驅動力來自於外部因素。

例如，為了加薪而努力工作，也是外發性動機的一種。

剛開始時，這類外發性動機也無妨，但如果它能逐漸轉變為「內發性動機」，則更能長久地維持行動力。

內發性動機並非來自外部，而是源於個人內在的驅動力，例如「因為想做而去做」或「因為喜歡而去做」。當行動的動機來自於內心深處的興趣與熱情時，將會成為更持久的動力來源。

前面我曾經提到的「志願服務精神」也是如此——這是一種出於「想做」或「喜歡做」的內發性動機而積極投入工作的表現。

即使一開始是因為「想被稱讚」而努力，屬於外發性動機，但隨著時間推移，若能在工作或學習中體會到樂趣，進而轉變為內發性動機，就能步入一條長遠且持續成長的軌道。

當認為「薪水太低」時，也是成長的機會

如果要工作的話，大多數人都希望薪水能盡量多一些，這是人之常情。

有些學生在選擇就業機會時，會以薪資高低作為標準。而在轉職的理由中，「對薪資不滿」也是排名前列的因素之一，許多人也會選擇跳槽到薪資更高的公司。

然而，我選擇現在這家公司，並不是因為薪資，而是基於人與人之間的連結。這段經歷如同我在序章所提到的。

儘管如此，我從未覺得薪水偏低。我認同公司的考核制度，並且認為自己獲得的薪資與自身的工作表現相符。

如果覺得薪資過低，與其對公司感到不滿，或是貿然跳槽，不如先反思：「自己是否有不足之處？」當然，若是低薪又強迫超時工作、過度壓榨員工的「黑心企業」，則另當別論。

一般來說，企業的員工多以固定薪水為主，通常根據職位、年齡、資歷、對公司的貢獻度等因素決定薪資。雖然加班費會另行支付，但與按時薪計算的兼職不同，工時並不直接與薪資成正比。

更何況，現在職場講求的是效率和工作品質，並不鼓勵長時間加班。

但如果覺得自己的工作表現沒有得到公司應有的評價，薪資偏低，何不將這視為一個成長的機會，以更積極的態度面對呢？

在我看來，薪資偏低，或許是你覺得自己做得夠好了，但與上司的期待仍有一段落差；又或者，你認為自己已經十分努力了，但從評估者的角度來看，仍然還有提升的空間。

所以，自己的不足之處在哪裡？該如何提升，才能讓工作表現更上一層樓？或許要帶著這樣的思考，不斷嘗試與調整，才能找到成長的重要關鍵。

即使短時間內成效不明顯，薪資沒有立刻提升，但若能持續挑戰自我，一年、兩年下來，你所獲得的評價也會逐漸提高，最終將能帶來薪資的成長。

因此我認為，與其對薪資不滿而急著跳槽，不如先試著持續挑戰與提升自己，這樣的選擇或許會帶來更好的發展機會。

閱讀是最簡單的「終身學習」

自發地終身學習是我非常重視的一件事。

人永遠有成長、學習和提升的空間，就像公司的業務改進沒有盡頭一樣，我認為，越是努力磨練，越能發光發亮。

世界每天都在不斷變化，如果沒有持續學習的態度，無論在公司還是私人生活中，隨著年齡的增長，都有可能被拋在後頭。

最簡單的終身學習方式就是閱讀。

我從小就喜愛閱讀，至今每個月都會讀幾本書，與妹妹一起住的房間裡有超過三百本書。在寫這本書的期間，我也把自己從閱讀中學到的知識和觀點寫出來。

我喜歡小說和非虛構類書籍，經常閱讀商業書，像是史蒂芬・柯維《與成功有約：高效能人士的七個習慣》等經典著作，我都會閱讀。

此外，我還訂閱《經濟學人》雜誌，每天早上也會讀報紙，這是為了追蹤社會整體的趨勢，以及對日本經濟有重大影響的美中動向。

當朋友知道我有訂閱經濟雜誌時，常會問我：「所以，你在玩股票嗎？」但我從來沒有。

我的生活方式以節約為主，但在閱讀方面，從不會吝於花費。

多年來我一直閱讀紙本書籍和雜誌，但現在為了方便，會看電子書，通勤時也能輕鬆閱讀。而且電子書閱讀器不占空間，還有搜尋功能，有需要時我也會使用。

對於透過閱讀實踐終生學習的人來說，目前的學習環境很便利，沒有理由不好好地利用。

拓展公司外部的人脈

我在四十至六十歲時參加公司外部幾個社團，不只是為了終生學習，也是進行所謂的「異業交流」。

在公司每天都和一樣的人交流，不知不覺中，生活圈就變得狹隘，思想界限也會受到影響，說句不好聽的就是，「井底之蛙不知道這世上有遼闊的大海」。

一旦意識到應該與公司外部的人進行交流，就是拓展眼界的好機會，同時也能擴展人脈。

我參加的社團中，最有趣的一個，是由一家小型出版社的總經理主辦的，這是經由公司現任董事長的介紹，我才有機會參加。

這位出版社的總經理人脈很廣，所以在社團裡跟各界名人一邊吃飯一邊交流，總讓我能夠拓展見識。

其中給我印象最深的，是與科幻作家眉村卓先生交談。眉村先生是大阪人，因作品《被狙擊的學園》和《神祕的轉學生》而廣為人知，這些著作也曾經改編成電影。

遺憾的是，眉村先生於二〇一九年去世了，但在生前我有幸與他交談，開啟了我對科幻小說的興趣，也擴大了我的閱讀範圍。

更讓我意外的是，**參加社外社團不只拓展了人脈與閱讀範圍，竟然對我的工作也有所幫助。**

其中一個例子，就是發生在我們公司首次自行製作招聘手冊的時候。之前我們都將招聘手冊外包給外面的專業公司，但這次，我提出希望能夠傳達更直接、更有熱情的招聘理念，公司因此決定由內部自己製作，便指派由我負責。

在這個過程中，我請教了社團中認識的創意人員，由他們協助我們進行拍照和設計。

在撰寫招聘手冊的文字和影片腳本時，我也參與了一部分。我認為，自己在閱讀小說、非虛構類等多類型書籍方面的經歷，對這次工作有很大的幫助。

公司內外打造自己的智囊團

香奈兒的創辦人可可．香奈兒曾說：「我不是在創造流行，我本身就是流行。」

這句話展現了驚人的自信，但也正因為她擁有卓越的才能，以及開創自己道路的活力與決心。

然而，像我這樣的普通人，無法單憑個人力量開拓一切，因此來自公司內外人脈的資訊，就成為我們最有力的武器。我認為，所有表現優秀的上班族都有一個共同點——擁有出色的溝通能力，並在公司內外建立起廣泛的人際網絡。

優秀的政治家與企業領袖，往往都有出色的智囊團。而公司內外的人脈網絡，正如同一個智囊團，能夠提供關鍵的支持與建議。

為了擁有這樣的良好人脈，首先必須讓人覺得：「這個人值得信賴，我願意與他建立關係。」

而要讓自己成為這樣的人，我認為有四個重點。

① 不說人惡言
② 信守承諾
③ 為他人的成功感到喜悅
④ 樂於助人

① 常說人壞話的人，你會想親近嗎？這就是我們接下來要說的：其實，說壞話容易讓人陷入負面思考，甚至會讓原本的好運從身邊溜走。所以面對這樣的人，會有人想接近嗎？

② 遵守承諾同樣非常重要。經常遲到或無法履行約定的人，最終會失去他人的信任。換句話說，與其事後失信，不如一開始就不要輕易做出無法實現的承諾。

建立信任需要時間，但失去信任卻只需一瞬間。而且，一旦信任破壞了，想要挽回就很困難。

③ 我們應該成為能夠真心為他人的成功感到高興，而不是嫉妒或心生不滿的人。當競爭關係的同事表現出色時，或許不容易坦然地為對方開心。

我能理解這樣的心情，不過，與其羨慕或嫉妒，不如想想自己該做些什麼，才能讓別人因自己而感到開心。其中一個方法，就是學會真心為他人的成功感到高興。

④ 最後要提醒自己的是，要成為願意幫助他人的人。如果能以志願服務的精神，時時思考自己是否能為別人做些有意義的事，那麼當自己遇到困難時，自然也會有人伸出援手。

以上四點的共同之處在於能夠凝聚眾望。一旦贏得他人的敬重與信任，自然就能建立良好的人際關係。

挑戰自我——考證照、參加檢定

如前所述，我的公司與培訓機構合作，員工研習的費用由公司全額補助。除此之外，也有不少員工選擇自費參加培訓或考取證照，進行自我投資。

像有一位總務部的同事，利用育嬰假期間努力讀書，結果考取了「衛生管理員」資格。

衛生管理員的職責是改善工作環境的衛生條件，並負責疾病預防措施等管理工作。在新冠疫情爆發後，這項資格更受到關注，被視為維護員工健康的關鍵角色。

另一位總務部的同事則參加職涯發展研討會。我跟他詢問費用，他說：「整個課程大約三十萬日圓。」這個金額比我想像的還要高，讓我相當驚訝。

而這位同事負責新進人員的招聘工作，從規劃到實際執行都親力親為。我想，他會選擇參加研討會，應該也是希望對自己的工作有所幫助。每次公司為求職者或學生舉辦說明會時，都會看到他參與協助。儘管活動進行時他只是站在一旁聆聽，卻也能適時說出打動聽眾的話語，令人印象深刻。

我曾多次挑戰「社會保險勞務士」（社勞士）資格考試，但至今尚未通過。

社勞士與律師、專利代理人、司法地政士、行政地政士、稅務代理人、土地房屋調查士、海事代理士並稱為「八士業」，都是國家資格考試。考試內容涵蓋《勞動基準法》、《勞動安全衛生法》、《勞工災害補償保險法》等科目。

二〇二一年考試的合格率不到百分之八，難度極高。但我認為持續挑戰本身就具有意義，因此一直努力不懈。

我目前唯一擁有的資格，大概就是「日本漢字能力檢定」（漢檢）。過去曾經負責代筆公司會長和社長的信件，因此深感漢字能力的重要性，便考取漢檢2級。

順帶一提，二〇二一年度第一次漢檢2級的合格率為百分之二十四點六。

接下來，我打算挑戰難度更高、合格率僅百分之九點三的漢檢1級。不過在此之前，還有漢檢準1級這道關卡，因此我正在努力學習，先突破這一關。

身邊的人都是我的導師

「我以外皆我師」這句話，你或許曾在哪裡聽過吧？

這是出自小說家吉川英治的名言，他以《宮本武藏》與《三國志》等經典名作聞名。

如果能抱持這樣的心態——身邊的每個人都是自己的老師——那麼即使是平凡的日常，也能充滿學習的機會。

值得敬佩的上司與前輩，當然是近在身邊的老師；但同事、朋友、家人，也都能成為我們學習的對象。

只要不忘從周圍的人身上學習，即使是一些反面教材，也能讓我們提醒自己：「那樣的行為可不行，要多加注意。」

每個人或多或少都有值得學習的優點，而即使是缺點，也能當作借鏡，幫助我們成長。

說來有點不好意思，過去我們總務部曾經有位同事，工作能力確實很強，但卻習慣盤腿坐在椅子上辦公。這種姿勢確實不太雅觀，讓周圍的同事觀感不好，紛紛跑來跟我說。當時，我選擇安撫大家，說道：「別在意，只要自己不要這麼做就好了。」

的確，在公司辦公椅上盤腿辦公不太恰當。然而旁觀者若能以「我以外皆我師」的態度去看待，就會反思：「我的坐姿或姿勢，是否也讓人不舒服呢？」這樣一來，便得到了自我檢視的機會。

這種學習方式不僅限於工作場合。搭乘電車時遇到沒有公德心的人、在餐廳看到態度傲慢的顧客、或是馬路上遇到危險駕駛……放眼看去，其實我們常常會遇到這類景象。

這些事確實會讓人感覺很不好，但是如果能從中學習，調整自己的視角，或許就能換個方式看待這個世界了。

說人壞話，只會趕走好運

前面有提到，我一直努力保持正向思考。最重要的是，這讓我能夠保持開朗、積極的心態。即使遇到失敗，我也會在反省的同時，告訴自己：「明天一定會變得更好。」這種思維方式，能讓自己更容易走上成長的軌道。

相反地，若是習慣負面思考，就容易陷入「努力也沒用」或「明天可能更糟」的消極心態。即便是原本能順利完成的事情，也會因為這種負面心態，而讓人覺得好像註定要失敗。

此外，我也想再重新提及前面所言：將「對不起」換成「謝謝」的方法，這樣就很容易將負面思考轉變為正向思考。接下來，我想再分享兩種能幫助我們轉換思維的方式。

第一，試著去看對方的長處。

每個人都有優點和缺點，世上既沒有完美無瑕的人，也沒有一無是處的人。

既然如此，何不盡可能去關注別人的長處呢？這樣的思維方式，能幫助我們培養正向心態。至於缺點，則可以當作反面教材，從中學習。

在稱讚別人的時候，直接當面表達當然很好，但如果能在與同事的閒聊中，自然地說出「那個人的笑容總是讓人感到療癒」之類的話，也是不錯的方式。當這句話輾轉傳到對方耳裡，比如：「泰子說你很有親和力哦！」那麼被稱讚的人一定會感到開心。這種做法被稱為「背後稱讚」。

在當事人不在場時，說對方的壞話是不好的行為，但「背後稱讚」則是非常值得推崇的。

相反地，如果我們總是把注意力放在別人的缺點上，抱怨對方拖拖拉拉、缺乏協調性、打掃不夠細心……長久下來，這些負面言論終究會回到自己身上。畢竟，最常聽到自己說壞話的人，不是別人，正是我們自己。

請記住，說別人的壞話，會讓自己的「運氣」溜走。

第二，從他人的缺點中學習，轉化為正向思維。

能夠用這種角度看待別人的缺點，也能讓我們更容易轉念。例如，某人做事慢吞吞的，總是拖到最後一刻才完成，但換個角度想，當工作忙到天昏地暗時，看著她的笑容，或許能讓人感到放鬆。試著這樣去理解對方，就能將原本的負面印象，轉化為正向的看法。

而對於自己，不妨好好地發揮優點，並且將短處轉化為優勢，也是很重要的事。

比如「工作速度慢」，就轉化這種特質，讓自己成為「做事穩健細緻的人」。

假如「容易擔心」，就不妨想，自己其實是具有「處事謹慎」的特質。

如果你很容易「對事情感到厭倦」，那你可以告訴自己，其實你是個「充滿好奇心的人」。

就是用這種方式轉化自己，發掘短處中隱含的優點，並將其轉化為長處，將會對你有所幫助。

吸收自然之「氣」，迎向正向思維

將消極思維轉化為積極思維的另一種方法，就是吸收自然的「氣」。

提到吸收自然的「氣」，可能會讓人覺得有些神祕難解，但我們日常使用的許多正向詞彙，例如「元氣」、「朝氣」、「陽氣」、「氣力」，都包含了「氣」這個字。

我認為，能驅散消極思維、激發活力與幹勁的，就是這股「氣」。

五十年來，我每天早晨都會練瑜伽。在瑜伽與中醫理論裡，「氣」被視為生命的能量。我開始練瑜伽後，也逐漸學習並意識到「氣」的重要性。

大家是否曾有過這樣的經驗：漫步在森林小徑上，或是登上空氣清新的山頂，深呼吸後，整個人煥然一新，心情變得開朗起來？這正是因為你吸收了自然的「氣」。

我每天早晨起床後，會先打開窗戶，讓新鮮空氣進入，並深深吸氣，感受太陽與微風的力量。

一有機會，我也會出門接觸大自然。即使前一天發生了不愉快的事，或是犯了錯，也能重新調整心態，告訴自己：「新的一天開始了，今天也要加油！」同時，透過吸收「氣」，也能激發精進努力的動力。

疫情期間，為了避免密閉空間帶來的風險，定期通風已成為一種習慣。如果辦公室有開窗通風的機會，不妨順勢來個深呼吸。

午休外出用餐時，也可以順道走進綠意盎然的公園，在樹下深呼吸，讓自己沉浸在自然的氣息中。

透過這樣的方式吸收「氣」，擺脫負面思維，轉向積極思考，下午的工作也能以煥然一新的心情投入其中。

・專欄・

充滿活力到百歲之

我的健康祕訣

4

我的「BMW」通勤法

平日早晨，我完成瑜伽、誦讀《般若心經》和早餐後，大約在上午七點半離開家門。接著，會花大約一個小時，利用「BMW」到公司。

不過，這裡的「BMW」可不是指德國製造的那款知名高級車（畢竟我連駕照都沒有）。

BMW其實是三個英文字的縮寫：B就是Bus（公車），M是Metro（地鐵），W是Walking（步行）。

我和妹妹住在大阪北部的豐中市。每天從家裡出發，我會先搭乘公車前往與大阪地鐵相互連通的鐵路車站，這段路程從離家不遠的公車站出發，大約需要二十分鐘。

接著，再搭乘地鐵，無須換乘，約二十分鐘便能抵達公司附近的本町站。從本町站到公司，再步行五、六分鐘即可到達。

這樣的「ＢＭＷ」通勤法，單程剛好一小時，已成為我每日的固定行程。下班後，我則按相反的路線回家，這時候順序變成了「ＷＭＢ」。單是來回通勤，我每天的步數就達到了六千步。

在公車上，有時候能找到座位，但在通勤時間的地鐵裡，經常沒有空位，只能站著。不過，這對我完全沒問題，因為在無形中也為我的健康帶來了好處。

常聽人說：「老化始於腿腳。」如果腿腳變得無力，想繼續工作也會變得困難。而這種每天來回兩小時的「ＢＭＷ」通勤，或許就在不知不覺間鍛鍊了我的雙腿與腰部。

偶爾會有人驚訝地對我說：「你走路好快啊！」其實我並沒有特意加快腳步，或許這正是我的腿腳仍然保持靈活的證明吧。

這樣的「ＢＭＷ」通勤法，我希望能一直堅持下去。

第5章

永遠不害怕失敗

挑戰只有自己辦得到的事

公司的目標之一是「做只有SUNCO能做到的事」。這句話從創業者時代起就一直被傳承下來。

經濟總是在變動中前進，從長遠來看，呈現出緩慢但持續上升的成長曲線。在這樣的環境下，若只是滿足於現狀，不僅僅是停滯不前，而是等同於衰退。

正是因為如此，如前所述，一邊挑戰比自己還高一階的事物，就公司來說或個人而言，都應訴求追求持續成長的態度。

雖說如此，也不是對於所有新的事物都去嘗試，就我們公司來說，就是「做只有SUNCO能做到的事」。

在受新冠疫情衝擊的二〇二一年，對抗疫情的有效對策之一便是疫苗。

在這一年，我們公司實施了新冠疫苗的職場接種。

當時，職場接種的條件包括至少一千名接種者、醫生與護理人員等醫療資源的確保，以及接種場地的安排。對於員工人數較少的中小企業來說，獨立完成這些條件極為困難。

但我們公司直到二〇二一年四月為止，員工人數是四百五十五人，僅憑公司內部人員還無法達標。因此，我們向員工家屬、一百二十四家供應商、物流中心附近約一百家餐飲店提出邀請，最終達成遠超過條件要求的一千六百人規模，成功實施職場接種。

對於一家螺絲貿易公司來說，疫苗接種完全是陌生的領域，從頭到尾都是全新的挑戰。然而，在相關人員的共同努力下，我們秉持「做只有SUNCO能做到的事」的精神，勇敢迎接新挑戰。

這樣的態度，是所有職場人都不可或缺的。若不願挑戰新事物，在這個變化劇烈的商業環境中，很可能會被淘汰。

即便到了現在，我依然希望能持續做只有自己能做的事，也不忘挑戰新事物。

長年以來，我在一個鼓勵獨特挑戰的公司工作，因此這種精神對我個人來說，也成為一種根深蒂固的習慣。

懷抱著夢想的人，機會也會來敲門

在我們公司，即使是志願從事業務職的新進員工，入社後一開始也都必須先從內勤做起。這項規定不分性別，學歷也沒有區別。除了希望長期從事內勤工作的人外，大多數員工大約從第二年起會被調派至外勤職位。

許多新進員工一邊學習職場基礎，一邊默默完成內勤工作，但也有人在支援外勤業務時，便主動表達：「下次，請讓我負責那個區域的外勤業務。」

作為主管，看到這樣積極爭取的新人，當然會希望能夠盡早讓他們在理想的職位上發揮所長，因此，這樣的請求通常更容易獲得機會。

然而，同樣是希望從第一年起就做外勤工作的人，有些人選擇默默接受內勤安排，而有些人則主動爭取：「請讓我做外勤！」這兩者之間的差異究竟在哪裡？

關鍵不在個性，而在於是否擁有明確的目標與願景。

有些人希望進入業務部門後，運用自己擅長的ＩＴ技術，提升業務效率，或是開發新客戶，成為頂尖業務員。

擁有這樣夢想與願景的人，無論面對什麼挑戰，都會展現積極進取的態度，並勇於嘗試。

長久以來，許多人擔憂「指示待命型」員工的增加。

這類人常被形容為「沒有自己的想法」、「優柔寡斷」、「害怕失敗」、「不願承擔責任」。其中，缺乏夢想與願景，也是導致這種現象的重要原因之一。當一個人沒有目標時，便難以主動行動，因為缺乏努力的方向與動力。

但如果心中有明確的目標與願景，就會開始思考：「今天該怎麼做？」「我可以嘗試哪些新方法？」這樣的人，自然會更積極主動，也更容易獲得上司的賞識與肯定。

能夠主動迎接挑戰的人，在面對工作困難時，也更具創意與解決問題的能力。主管也會對他們寄予更高期待：「下一次，我想讓他嘗試這個業務！」這樣的人，往往能夠更快迎來理想的職位與機會。

讓周圍的人看到你的專長

每個人對夢想與願景的想法都不盡相同，各有千秋。

有些人或許覺得自己沒有明確的夢想或清晰的願景，其實這樣的人可能還占多數呢。

但我認為，確認夢想與願景的第一步，就是培養好奇心。

許多人只是單純認為自己沒有夢想，但事實上在內心深處，多少都懷抱著對未來的某種期待，或對自我有種理想的模糊想像。只是，這些想法還未轉化為具體的語言罷了。

當我們對新事物產生興趣，想進一步了解、體驗時，這份好奇心就像一種「催化劑」，能夠逐漸喚醒深藏內心的夢想與願景。

想培養這樣的好奇心，可以透過閱讀、參觀美術展、聆聽音樂會、旅行探索未知的地方，或是登山親近大自然等方式。

人一旦置身在不同於日常的環境，五感受到刺激時，往往能啟動內心的好奇心，進而開啟新的可能性。

當我們為夢想確立了目標或方向後，若想要實現，接下來就需要精進自己的專長。

曾有一位年輕員工在公司業務部門工作，他精通ＩＴ技術，也曾多次表達希望能運用這項專長，因此，公司決定讓他轉調至商品企劃部。

結果，他在新職位上發揮所長，建立了與客戶進行線上商談的系統，並開發出能輔助商品研發的資訊平台，對公司貢獻良多。

因此，讓周圍的人知道你的專長至關重要。如果不主動展現自己的長才，便可能錯失發揮的機會，最終不僅個人無法成長，企業也會錯過寶貴的人才。

履歷表中通常都有「自我推薦」的欄位，求職或轉職時，大家都會努力填寫，希望能提升競爭力。然而，一旦就職，卻有不少人選擇低調行事，不再展現自己的優勢。

或許在這個社會裡，過度展現自我可能會讓人產生反感，但至少，應該讓周圍的人知道自己的專長。

重點不是為了炫耀，而是要思考如何讓這項才能為公司帶來實際貢獻，這樣的展現才更具有說服力與價值。

保持整潔有序，能帶來意想不到的機會

如前所述，保持整潔有序至關重要，而這樣的習慣甚至能為我們帶來意想不到的機會。

我身邊就有這麼一個真實案例，那是一位剛被分派到業務部做內勤工作的年輕女員工的故事。

她每天都比規定上班時間更早抵達公司，除了整理自己的辦公桌，還會清掃部門內的環境，確保一切井然有序。

業務部內設有存放記事本、文具等辦公必需品的工具箱，她在打掃時，還特意將這些工具擺放在業務人員伸手可及的位置，方便同事們一上班就能立即投入工作。

雖然現今網路發達，但來自客戶的詢問電話與訂單依然不少，甚至

在開始上班前，業務部的電話就已經響起。

正因為她是唯一提早到達辦公室的人，這些來電自然而然就由她接聽處理。漸漸地，她細心而精準的應對方式獲得好評，甚至有越來越多的客戶開始指定由她來接聽與處理業務。

她的表現不僅在公司內部受到高度肯定，還因此獲得公司頒發的「新人獎」，這是專門授予入職未滿兩年的優秀員工的獎項。

儘管她的習慣讓她恰好在無人值班的情況下接到了客戶來電，但並非所有人都能因此獲得同樣的機會。

對於尚不熟悉業務的新進員工來說，若是獨自接到客戶的訂單或諮詢電話，可能會因不知如何應對而手足無措。而在開始上班前，部門內還沒有其他同事可以請教，因此也無法尋求前輩的幫助。

但這位年輕員工長期保持整理整頓的習慣，不僅她的辦公桌與電腦井然有序，可以想見她的思維也同樣清晰有條理。

因此，她才能在面對突發狀況時保持冷靜，並妥善處理客戶需求，最終贏得了客戶的信賴，也在公司內部獲得了高度評價。

「冷暖自知」，從失敗中學習

創辦人時常引用「冷暖自知」這句成語來說明他的觀點。「冷暖自知」的意思是，水是冷是熱，只有親自嘗試才能真正了解，也就是「凡事必須親身經歷，才能得知真相」。這四個字來自佛教，意指悟道並非他人能傳授，而是須由自己去體悟。

我認為，創辦人之所以強調這句話，是為了傳達這樣的理念：「凡事都要親自嘗試，與其害怕失敗，不如勇敢邁出第一步」。如果用大阪方言來形容，這正是所謂的「積極參與精神」，意思是凡事都願意插上一腳、主動嘗試。

就拿三得利的創辦人鳥井信治郎為例，當他的下屬想挑戰沒嘗試過的領域卻遭到眾人反對時，他總是給予鼓勵：「試試看吧，不試怎麼知道呢？」

挑戰總是伴隨著失敗，但沒有人是為了失敗而去挑戰。

即使勇敢地邁入前人未踏過的領域，最後仍舊失敗也值得鼓勵；因為**如果能將這段經歷轉化為自己與公司的成長，那麼這樣的「失敗」其實不算失敗，反而是通往成功的養分**。相比之下，害怕失敗而不去挑戰，才是真正的失敗。

這個道理同樣適用於運動員。運動的成長過程中充滿了失敗，但如果害怕失敗，就永遠無法進步。

二〇二一年東京奧運的滑板街式比賽中，日本選手在男女組別雙雙奪金，這是一項全新的競賽項目，能夠看到日本選手在場上發揮實力，令人感到興奮。然而，他們並不是一開始就能完美地完成高難度動作。

這一定是經歷過無數次的摔倒，甚至狠狠地撞上堅硬的地面，才一步步成長，最終站上最高的領獎台。

正如運動員透過不斷挑戰與失敗來成長，公司員工在工作上若能勇於挑戰，即使遭遇挫折，也能從中學習，進而提升自己。

挑戰需要強大的心理素質，而能夠跨越失敗的經歷，正是鍛鍊心理素質最好的方式。

運動領域常說「心技體」並重，一位運動員的失敗不僅能讓他磨練技術與體能，更能鍛鍊他的心理素質。這些元素缺一不可，而這種透過失敗來鍛鍊自我的歷程，在職場上同樣適用。

在我七十歲前，曾經有好幾年，我每年都會到北海道二世谷滑雪（後來因為一起滑雪的朋友退休離開公司，遺憾地沒有機會再去了）。在雪道上挑戰困難的路線時，難免會摔倒，有時甚至會因為摔得太多，體力消耗殆盡。

即便如此，只要不是扭傷或骨折，就不能指望滑雪巡邏員用雪橇把我送下山。不論是結冰的雪道，還是風雪交加的惡劣天氣，我都只能靠自己滑下山去。

無數次跌倒再爬起來，正是進步的過程。這不僅提升了我的滑雪技術，也鍛鍊了我面對困難時不輕易屈服的心理素質。用一種最常聽到的說法來形容，就是「不服輸的精神」。

在職場上也是如此。一次次的失敗與重新站起，就是養成「絕不認輸」精神的過程。當內心變得強大後，面對困難與挑戰時，也會更有勇氣去迎戰。

不把失敗推到他人的過錯上

在我長年的職場生涯中，經歷過數不清的大大小小的失敗。

回顧過往，許多失敗的根本原因是來自於自以為是的誤信與先入為主的觀念。

例如，當我想：「既然過去是這樣做的，就不需要改變方法」，結果反而因為固守過去的成功經驗而走向失敗。

因此，我認為在工作中，應該避免被自以為是的想法、先入為主的觀念，以及過去的成功經驗所束縛。

像這樣的心態應該拋棄：「這個和之前的工作很像，照著以往的方式做就行了」。相反地，**每次接到任務時，應該像新手一樣謹慎且全力以赴。**

大家應該都聽過「失敗是成功之母」，意思是，即便失敗了，只要追究原因、改正錯誤，依然能夠更接近成功。

要將失敗轉化為成功，最重要的是**無論發生什麼情況，都不要將責任推給他人**。如果不能虛心反省並認為失敗的原因在自己身上，就無法從中學習成長。

更應避免的是，將失敗歸咎於上司給的時間不夠，或是同事明明看到自己忙得焦頭爛額卻沒有伸出援手……如果總是被動、只會「等待指示」，那麼將無法從失敗中走出來。也就是說，總是將失敗的原因歸咎於他人，最終是看不到成功的曙光。

要讓失敗不只是單純的失敗，首先必須勇敢承認自己的錯誤，真誠地面對自己的內心，改正不足，並擴展自己的長處。只有這樣，我們才能將失敗當作成長的養分。

失敗不隱瞞，立即公開

在一些仍然保有過時或傳統價值觀的學校或公司中，往往會受到「減分主義」評價體系的影響。

在這樣的文化中成長，會讓人害怕失敗，對挑戰心生畏懼。如果是個人，便會阻礙自我的成長；如果是公司，則會讓人無法期望，看不到未來。

失敗是成功之母，且失敗本身也是躍進的機會；然而，如果只能看到眼前的事物，可能會認為「失敗」等同於「減分」。

最可怕的是，害怕失敗被揭露或遭受減分，進而試圖隱瞞失敗，這種心態很容易在學生或公司員工身中養成。

事實上，在面對挑戰時，絕對無法避免失敗；然而，若不承認失敗，反而無視它的存在並隱藏起來，那就是「掩蓋問題」。

每當遇到失敗就選擇隱瞞，只會讓問題越來越大，對個人和公司造成的損害也會越來越嚴重。就像火災一樣，若能及時發現並使用滅火器，問題也許能夠消弭於無形；但若放任不管，就有可能引發大火，導致全面性的損毀。

有些人或許會在隱瞞失敗時，心想「一定不會被發現吧」，但我認為，這絕對是一個大錯誤。

我從事會計工作已經有半個世紀了。幸運的是，至今未曾犯過重大錯誤；然而，若像會計這類牽涉金錢的工作，因隱瞞失敗而導致損害擴大，那不僅是相關部門的損失，更會波及公司整體，甚至對社會形象造成重大影響。

因此，無論失敗大小，我總是會在事情發生後立即公開，坦誠地承認錯誤。

即便是無法單獨彌補的錯誤，只要透過「報告、聯絡、商量」，迅速向上司或前輩求助，大多能夠及時修正。

這也是身為團隊一員、作為公司員工的一大優勢。

成功、失敗都要「從零開始」

「即使遇到失敗，也不要讓心情長時間停留在低點。」這句話看似正確，但實際上，失敗後的心情確實容易讓人感到沮喪。

然而，我認為，在遭遇失敗時，如果能夠立即採取行動，從中學習並將其轉化為下一次成功的契機，這樣的做法不僅能夠緩解沮喪的情緒，還能加速下一次機會的來臨。

時間一去不復返，因此，即便失敗了，我們也應該及早進行「心理重置」，抬起頭來，朝前看。

如果一直沉溺於失敗，可能會錯過成長的機會，因此，我們必須保有積極向前的心態。

同樣地，當成功來臨時，我們也需要進行心理重置。

每一次的成功經歷，即便是微小的成功，也能增強自信。當然，自信對工作至關重要，但許多成功往往不是單憑一己之力達成的。

即使是自己獨力推動的任務，背後也常有看不見的協助。就像帆船捕捉到順風一樣，成功的機會往往也會受到某種運氣的影響，才會正好抓住了時機。

尤其在如今這個變化迅速的時代，如果仍然固守過去的成功經歷，可能會無法適應快速變動的環境。**我們面對的無論是失敗或成功，都必須進行一次心理重置。我始終在心裡放著「零起點」的理念，無論面對什麼，都是從零開始。**

記得有一次在電視上觀看國際衝浪比賽時，我注意到一個有趣的現象。

當衝浪者面對海面上的波浪接連向沙灘推進時，他們必須耐心等待最佳的波浪。

其實，他們等候波浪的時間，往往比實際衝浪的時間要長得多。在這段等待的時間裡，他們儲備體力，一旦合適的波浪來臨，就巧妙地划水，並在波浪崩塌前快速起動，開始衝浪。

我觀察這場比賽時，不禁聯想到工作和人生中的各種挑戰。我們也會面對大小不同、形態各異的波浪，接二連三地襲來。

我們需要選擇能夠發揮實力的波浪，抓住每一個機會。面對工作時，我們不應盲目執行，而應從零開始，精確找到應該投入力量的地方。這對於長期的職業生涯來說非常重要。

雖然不太懂，但先試試看吧

一九八一年，我們公司引進電腦系統，在業界應算是領先的創舉。那已是四十多年前的事了，那年我五十一歲。

這項決策的契機，源自當時的社長（即現任會長）與大阪青年會所的一位資訊工程學教授相識。對方告訴我們，庫存管理以及我負責的會計業務都非常適合電子化，因此公司便迅速決定全面電腦化。

當時五十一歲的我，對於使用電腦並沒有感到困惑，因為全公司的人都是第一次接觸電腦，大家抱著「一起挑戰新事物」的心態，循序漸進地學習。我至今仍記得，與其說是迷惘，不如說是對「結合電腦後，工作會有什麼變化呢？」這種期待感更為強烈。

事實上，在此之前，我已經使用過打字機和文字處理機，因此對鍵盤輸入並不陌生。

無論是文字處理機還是電腦，它們的鍵盤布局都源自打字機。而我在商校時就學過打字，因此很快就適應了電腦的打字方式。

當然，輸入法與功能上的轉換方式有些不同，但這些差異並未構成障礙。

其實現在回想起來，在使用文字處理機與電腦之前，辦公室也經歷過從算盤轉向電子計算機的重大變革。

一九七〇年代，電子計算機開始進入辦公室。在此之前，會計業務主要是依賴算盤（這也是商校的必學課程）。

而當時，我們的創辦人堅持，收入與支出的每一分錢都必須仔細計算清楚，因此要求員工：「哪怕只是要跟客戶收一塊錢的帳，也要親自去收取。」同樣地，他也十分強調計算的準確性，我曾試圖用心算完成簡單計算，結果被提醒：「就算是一加一，也要用算盤來算。」

算盤的好處是，橫向排列使其能夠同時進行三組計算，而電子計算機雖然一次只能算一組，但只要輸入正確，答案絕不會出錯。

由於會計工作最重要的是準確性，因此我對於從算盤轉向電子計算機並沒有太過抗拒。

隨著電腦的使用，會計業務也開始被要求使用「Excel」來處理帳務。

不過比起學習電腦硬體部分，要熟悉並掌握像Excel這類軟體，反而更具挑戰性。幸好有公司資訊部門的同事教我們基本操作，公司也提供了遠端學習的資源，因此我最後終於能夠和年輕同事一樣熟練地使用Excel。

後來，我還透過類似的方式學習「Word」、「PowerPoint」，對這些辦公軟體都能運用自如。

我認為，可以享受環境變化並積極應對，這是長久工作的重要條件。

我也相信，未來無論再有什麼新技術或軟體問世，我都會牢記「冷暖自知」（只有親自嘗試才能真正理解）的道理，並用「雖然不太懂，但先試試看吧」的精神迎接挑戰。

以俳句和短歌活化大腦

即使身體再怎麼健康，若患上失智症，依然無法繼續工作。目前為止，我的認知功能並沒有出現任何異常。

或許是因為每天的些許刺激，例如瑜伽、誦讀《般若心經》，以及BMW通勤方式，讓我的大腦持續保持活力。

除此之外，對於大腦的刺激，還有另一個可能的方式——以俳句與短歌創作當做消遣。

雖然我從未正式學過俳句或短歌，但我的表妹是某位歌人的內弟子，因此我偶爾會請她幫忙修改我寫的東西。

我是電視節目《Pre-Batt!!》（プレバト!!）俳人夏井樹老師的超級粉絲，我常常一邊看節目一邊寫筆記，把夏井老師的評論寫下來，當我趕不上節目播放的時候，我會請妹妹幫我錄節目，等到週末再來觀賞。

此外，我也是職棒阪神虎隊的球迷，過去經常親自到球場為球隊加油。然而，儘管聲嘶力竭地吶喊助威，球隊依然在聯盟排名墊底結束了賽季。我曾經在比賽結束後，看著工作人員在場上進行整地作業，當時腦海中浮現了一句俳句：

「吶喊聲息，蜻蜓翩然飛舞。」

在這句俳句中，「蜻蜓」是代表初秋的季語。

不論技巧高低，俳句與短歌的本質都是刪減不必要的詞彙，只留下最精煉的語言。否則，在五七五或五七五七七的固定格式中，無法容納豐富的意象與情境。

至於作詩對於大腦活化有多大幫助，我無從得知。但對我個人而言，這的確是一種激發思維的方式。

刪去多餘的訊息，僅保留最核心的語句——這種透過俳句與短歌培養出的能力，也在我的日常工作中發揮了作用，例如在寫感謝信時，能讓表達方式更精簡有力。

第6章

上司與下屬之間的應對規矩

想讓部屬按自己的想法行動，結果遭到集體抗拒

我遇到意想不到的轉機，是在四十歲那年。

公司突然發布人事令，任命我為課長。

一直以來，經理與總務等事務主要由創辦人負責，但隨著公司規模逐漸擴大，員工人數增加，這種方式已經無法應付日益繁重的業務。因

此，公司決定新設總務課，並將我這個資歷最深的員工任命為課長。

當時是一九七〇年代，女性升任課長仍屬罕見。本來應該感到高興，但我卻感到不知所措。通常晉升是從主任、組長，再到課長，而我卻是從普通職員直接被提拔為課長。

課長需要具備管理業務及領導部屬的能力，但我既沒有管理經驗，也沒有領導經驗。雖然我喜歡閱讀商業書籍，但唯一能依靠的，也只是從書本上學來的知識。我認為身為課長，就應該像司令官一樣行動，發號施令，帶領部屬按照指示行動，這才是真正的領導力。

然而，剛上任課長沒多久，發生了一件事。

那天，公司即將進入會計業務最繁忙的結算期。我打算在下班後召開會議，請大家配合加班。

當接近下班時，我在課內宣布：「今天要開個會，請大家留下來一下。」我理所當然地認為，既然是課長的指示，即使是臨時通知，部屬也會照辦。

然而，部屬們既沒說「好」，也沒有說「不行」，而是在下班時間一到，全部人快速離開了。這顯然是對我的拒絕。

那一刻，我並沒有因為被拒絕而生氣，反而感到一股強烈的挫敗感。我帶著悶悶不樂的心情，決定先打掃一下再回家。

當我走進茶水間時，看到部屬們的茶杯還放在水槽裡，可能是因為太匆忙，沒來得及清洗。我心想：「如果茶杯沒洗，明天大家上班後會很困擾吧。」於是，我拿起清潔劑，一個個地仔細清洗。

就在這時候，我忽然意識到，身為課長，真正該做的事情，或許不是單方面地下達指示，而是先讓每個部屬都能發揮自己的能力，幫助他們成長。

一個好的組織，並不是一加一等於二，而是一加一可以可以等於三或四。只有讓每位部屬的能力充分發揮，整個總務課的表現才會提升。而課長的職責，正是要促成這一點。

第二天早上，我誠懇地向大家低頭道歉：「昨天突然指示大家開會，真的很抱歉。我希望能和大家一起做好這份工作，我們一起努力吧。」

從那天起，我不再試圖讓部屬照著我的指示行動，而是以「大家一起成長」的態度來帶領團隊。結果，大家開始與我並肩而行，最後終於順利度過了結算期。

漸漸地，部屬們也開始信任我，認為：「玉置課長是公司資歷最深的前輩，有困難就去找她商量吧。」於是，課內的溝通變得順暢，總務課的業績也隨之提升。

打造讓部下成長的環境

討好部下、不想被討厭的上司，未必會真正受到部下的喜愛，反而還得到反效果。

公司不是交友俱樂部，而是講求工作成果的地方。因此，部下對上司的期待，應該是能夠發掘並培養自己的優勢與潛在能力。

上司首先應該做的，就是打造讓部下能夠發揮所長的環境。而其中最重要的一點，就是充分了解每位部下的個性。我在擔任課長後，才真正體會到這一點。

就如同人家說的「十人十色」，如果十個下屬，就會有十種不同的個性。每個人的價值觀不同，對工作的期待與需求也不盡相同。

在充分掌握每個部下的個性後，發掘其潛能，並營造適合發揮的環境，才能提升整體組織的表現。

其中最關鍵的一點，是營造一個能夠順暢進行「報告、聯絡、商量」（即「報聯商」）的氛圍。若不了解部下在想什麼、困擾是什麼，就無法提供適合他們發揮的環境。

如果作為上司，發現部下不願意進行「報告、聯絡、商量」，那麼首先應該自問：自己是否有打造一個讓部下願意主動溝通的環境？

雖然不至於要做到察言觀色、刻意討好部下，但正如本書前面所提到的，透過養成打招呼的習慣等方式，建立一種「如果有什麼事，只要找上司談，他一定會用心傾聽並給予建議」的氛圍，是不可或缺的。

在此基礎上，適時給予建議也是有效的方法。例如：「如果你學會這項技能，應該能夠有更大的成長。剛好最近有相關的研習課程，要不要去參加看看？」這樣的引導能夠幫助部下進一步提升。

從建立良好溝通的角度來看，上司應該像一位值得信賴的兄姊，讓部下感到親切、願意依靠。然而，對於工作的最終成果，則需要嚴格把關。

如果部下未能如期完成工作，或是因為品質不佳導致後續部門抱怨，這時若只是輕描淡寫地說：「沒關係，下次加油吧。」恐怕會顯得領導力不足。

至少應該和部下面對面討論：「這次為什麼沒能完成？下次可以怎麼改進？」並確保雙方對問題有清楚的認識。同時，**對於做得好的地方，應該具體表揚；而對於不足之處，則不是單純責備，而是一起思考如何改善。**

此外，即使最終成果未達預期，在問題發生前應該也有補救的機會。如果最後仍然出現問題，往往代表「報告、聯絡、商量」的環節出了問題。因此，這時應該重新檢視團隊內部的溝通機制，確保未來能更順暢地運作。

「20％／80％」法則：上司與部下的互相感謝

在一本商業書籍中，我讀到一個觀點：如果工作的成果是100％，那麼貢獻度大約是上司占20％，部下占80％。

這個「20%／80%」的法則，從我的經驗來看，確實相當合理。

有些上司會將部下努力得來的成果完全據為己有，這樣的行為常被批評。然而，這些成果的80%很可能是部下的功勞，因此，上司應當對部下心懷感激。

另一方面，部下也不應該覺得「這是我們在前線齊心協力才取得的成果，而上司只是發號施令而已」。因為上司很可能在不為人知的地方，已經在努力營造更好的工作環境，或是在跨部門協調上花費心力。

我理想中的職場，是能讓肩負重責的上司稍微放下壓力、偶爾能鬆口氣的地方。當部下願意為一位有責任感的上司努力，而上司也希望為自己珍惜的部下多付出時，彼此之間自然會形成一種合作無間的默契。

當然，清楚表達的「報告、聯絡、商量」（即「報聯商」）仍然是職場溝通的關鍵，但如果能再加上「合作無間的默契」，那就更是如虎添翼。

如果上司只是下達指示，卻以「尊重自主性」為由忽略後續跟進，那麼部下最終可能會離心離德。同樣地，如果部下忽略「報聯商」，卻在出了問題後將責任全推給上司，那也是不可取的。

真正強大的團隊，應該超越「部下理所當然聽從上司指令、上司理所當然承擔所有責任」的傳統上下關係，而是「上司與部下能夠彼此尊重、互相成就」，這才是值得追求的理想團隊。

在公司或部門內共享相同的願景

要讓上司與部屬彼此尊重、成為一個團隊，最重要的前提就是享有共同的願景。當雙方懷抱相同的願景，上司與部屬就能朝著同樣的方向努力，並且以高度默契自主行動。

即使各自負責的工作不同，但只要理念一致，部屬有時能成為上司的得力助手，而上司也能協助部屬創造更順暢的工作環境。

如果上司感到「部屬無法發揮應有的表現」，這或許是因為對願景的認知不夠一致。當組織內部方向不一致時，不僅難以順利運作，甚至可能讓所有人的努力朝著錯誤的方向前進。

在我們公司，社長的願景會先傳達給各部門主管，接著主管再進一步將其傳遞給每位員工。這樣的方式是我們的一大優勢。

我們公司從家族企業起家，至今員工規模約五百人，內部氛圍融洽，且採取透明化管理，因此能夠確保資訊開放流通，不藏私、不保留。

全公司共同願景的核心，就是「**為顧客服務**」。所有的工作，最終都是為了提升顧客的利益，這一點我們時時刻刻謹記在心。

歷任的社長與董事長總是習慣對員工說：「**你做的事，對誰有幫助？**」這句話深植所有員工的心裡，因此，每個人都懷抱著「為某個人貢獻」的信念投入工作，而這個「某個人」，最終指向的便是顧客。

每年兩次，當公司發放獎金時，社長都會說：「正是因為大家的努力，才能讓顧客滿意，進而獲得這樣的成果。」

此外，我們也積極推動ＴＱＣ（全面品質管理），致力於業務改善，而這一切的最終目的，依然是為了顧客。唯有提升顧客滿意度，才能讓企業的利益成長，這正是我們所追求的理想。

正因如此，「為顧客服務」便是我們共同享有最重要的願景。

管理職如同電影導演，員工則像演員

如果將企業運作比喻為拍攝電影，我認為社長就像製片人，而部門主管則是電影導演。

社長如同製片人，負責籌資與投資，並按照願景提升公司利潤，推動企業走向成功。

部門主管則像電影導演，是第一線的負責人，致力於將社長描繪的願景與方向化為現實。他們需要根據員工的特質進行適才適所的「選角」，並確保團隊按照劇本推進各項工作。

員工則如同演員。資深員工被期待發揮主角級的表現，而年輕員工即便目前是配角，也會帶著「未來成為主角」的決心全力以赴。

在電影圈中，製片人與導演偶爾會產生意見分歧，導致劇本臨時更改，甚至更換導演。

然而，在商業世界中，如果社長與部門主管發生衝突，後果可不能小視。但在我們公司，管理職是社長的延伸與分身，雙方如同一體，因此這類問題並不容易發生。

當部門主管能夠將最高層的願景貫徹至公司每個角落，員工們便能毫不猶豫地發揮自身實力，在各自崗位上盡展所長。

而當這部「電影」（也就是我們的工作）順利完成，成功地讓「觀眾」（即我們的顧客）感到滿意時，公司也會因此成長茁壯。

或許我會有這樣的比喻，是因為我本身非常喜歡電影。年輕時，娛樂選擇不多，電影幾乎是唯一的休閒方式，因此自然而然對電影產生濃厚興趣。

順帶一提，我最喜愛的電影是小津安二郎導演的經典之作《東京物語》。此外，年輕時我也跟著風潮，和大家一起著迷石原裕次郎主演的電影，幾乎不會錯過任何一部。

只看「喜歡」的那一面

對於上司來說，評價部下是一項困難的工作。畢竟我們都是人，總會遇到合得來跟合不來的人，所謂的「投緣」或「不投緣」就是這個道理。

然而，在工作中，我們必須避免以個人情感來評價部下。如果同一部門的成員做了相同的事，卻因為上司的個人喜好而獲得不同的評價，那麼受到較低評價的部下可能會喪失幹勁，甚至影響整個團隊的士氣。

尤其是對特定員工有所偏袒的「不公平人事決策」，更是最糟糕的做法，這一點毋庸置疑。

值得慶幸的是，我的公司很早便使用一套客觀且令人信服的人事評價機制。這套機制除了根據營業額、接單數量等可量化的「定量評價」來評估績效之外，也能客觀地衡量員工的工作態度與投入程度等較難數據化的「定性評價」。

對於上司來說，這套制度讓評價更具說服力，而對於員工來說，也能確保自己獲得公平合理的評價，對兩方來說，這無疑是一種較透明且能減少爭議的評量方式。

在日常工作中，與部下相處時也應該做到一視同仁。

如果做上司的認為「人本來就有好惡之分，所以要公平對待每個人不容易」，那麼不妨試試只關注部下令你「喜歡」的那一面，而對於你「不喜歡」的部分則睜一隻眼閉一隻眼。（當然，如果你「不喜歡」的部分已影響到工作，則不能置之不理，應該與當事人溝通並及早處理。）

其實，我們對人的喜好往往是非理性的、帶有主觀意識，因此很難完全改變。但即便是讓人覺得「不對盤」或「難以相處」的人，只要仔細觀察，應該也能找到一些值得欣賞的地方。畢竟，這個世界上不可能有人只有缺點、卻毫無優點。

如果總是盯著部下的缺點看，久而久之只會讓自己對他更加反感。與其如此，不如試著刻意忽略這種負面特質，轉而關注他們的優點，這樣一來，就能像對待其他人一樣，自然地與他們相處了。

年輕員工可以用「守・破・離」來成長發展

我認為在工作上，「守・破・離」是一種很有效的自我鍛鍊方法。

所謂的「守・破・離」是日本傳統武道與藝術中的修練三階段，說明如下：

「守」：遵循師父傳授的規範與形式。

「破」：在遵循學習到的形式的基礎上，加入自己的研究與創新，進而突破原有框架。

「離」：透過不斷精進與累積經驗，最終脫離既有形式，創造出全新的獨特風格。

根據「守．破．離」原則培育新人時，我會做以下各項調整：

第一年專注於「守」。

具體來說，會指派一位資深同事擔任導師（建言者），讓新人仔細觀察導師的一舉一動，並徹底模仿。這樣的做法是為了幫助新人建立一套處理工作的基本框架與模式。

第二年進入「破」的階段。

經過一年的學習與觀察，新人可能會開始覺得：「導師的做法不錯，但如果是我，會這樣做。」在這個階段，新人可以向導師請教，例如：「我想在這部分做些調整，可以嗎？」透過這樣的方式，逐步加入個人風格與創新。

有時這些嘗試會成功，有時則會失敗。對經驗尚淺的人來說，失敗的機率可能較高。然而，成功固然可喜，但如果失敗了，也能從中學習，找到超越導師的契機。

第三年開始進入「離」的階段。

此時，導師會將自己的一部分工作交給後輩，例如在業務部門，可能會讓後輩接手一部分客戶。

後輩則運用學到的知識，發展出屬於自己的工作方式，逐步脫離導師的影響，建立獨特的工作風格。

在這個過程中，導師與主管不會完全放手不管，而是確保一旦新人遇到困難時，能夠提供適時的支援與協助。

上司與下屬都應努力發掘自己擅長的事，並持續精進

在培養年輕人才時，重要的是幫助他們發展「擅長」的領域，而對於「不擅長」的部分，則不必過度強求改善。

我每天早晨都會閱讀《朝日新聞》的專欄〈天聲人語〉。其中曾提到九段將棋棋士羽生善治認為，與其勉強提升自己不擅長的事，不如專注發展自己的強項，這才是通往成功的捷徑。

這篇文章還提到，一九九三年時，羽生善治以二十二歲九個月的年齡，創下當時最年輕的紀錄，奪得龍王、王座、棋王、棋聖四冠。即便是

這位被譽為天才的棋士，也有自己不擅長的部分，但他正是透過發揮與強化自己的長處，才能不斷成長，成為傑出的棋士。

我本身對俳句和短歌很感興趣，因此特別喜歡看電視節目「壓戰‼」（PRE-BATT‼，全名是「哪個藝人派得上用場！壓力戰場！」）中的「俳句才能鑑定榜」單元。

這個節目不僅評鑑俳句，還涵蓋水彩畫、插花等領域，經常讓藝人們展現出意想不到的才能，讓人驚嘆不已，他們竟然在與自身專業完全不同的領域中，依然能夠發光發熱。

其實，不僅僅是藝人，每個人都有某方面的天賦和擅長的事情。而這些強項，往往與他們「喜歡」的事物密切相關。因為喜歡，做起來就會覺得開心，進而變得更加擅長，形成一種良性循環。

而這些藝人也私下承認，要察覺自己的長才並不容易，他們正是透過參加「壓戰‼」才發現原來自己也有其他的強項。同樣地，作為主管，主動觀察並幫助部屬發掘優勢，也是一件相當重要的事。

如果年輕人可以從一開始就積極嘗試各種工作，或許能意外發現自己擅長的領域，甚至因為「擅長」而產生了「熱愛」，進而創造出良性循環，成為未來發展的契機。

不僅要得到上司的支持，也要支持上司

對於公司員工來說，工作並不是單純為了上司，而是為了公司。同時，工作不僅是貢獻於公司的成長，也是為了自己成長和實現自我。

因此，像風向儀一樣總是迎合上司的情緒來做事是不對的，但這也不代表你可以完全不理會上司的想法。

如果你曾在心裡抱怨「那位上司只會命令人，什麼也不幫忙」的話，不妨轉念思考一下自己能為上司做什麼。

不是請你去思考「如果討好了上司，就更容易升遷」，而是如何支持上司，以提高整個團隊的表現。

不要只期待上司支持你，自己也應該成為能支持上司的人。

要能夠支持上司，首先要了解上司是怎樣的人。這就需要我們在平時觀察上司的性格、工作風格等，並且把握其個性特徵。

如果在不了解上司的情況下，輕易地抱怨「那個上司根本不理解我」或「在那位上司底下，我無法發揮實力」等，這樣的做法就太輕率了。

因此，我建議從工作上觀察以下三個方面，並努力拉近與上司的距離，尋找支持上司的方式。

- **上司在工作上重視什麼？**
- **想要打造怎樣的團隊？**
- **擁有什麼樣的人生哲學？**

對我來說，直屬上司是具體行動和思考方式的榜樣，是我們身邊的重要角色和模範。了解上司，探索什麼樣的行為能讓他高興，並且不斷嘗試與反思，這不僅能幫助我們了解如何在公司中走出自己的路，也能找到寶貴的啟示。

如果我們和直屬上司之間都無法縮短距離，那麼又如何與客戶之間建立良好的關係呢？我認為，觀察並縮短與上司的距離所鍛鍊出的眼光，對於其他工作同樣能夠發揮作用。

在我過去六十幾年的工作生涯，我認為自己很幸運，擁有了許多優秀的上司。其中，給我印象最深刻的，仍然是現任會長。

會長非常愛做筆記，無論多麼瑣碎的事都會寫下來。因此，當部下要報告某些事情時，最好不是口頭上，而是通過筆記或文書來傳達，這樣更容易得到回應。如果只是口頭說明，往往會得到「現在很忙，稍後再說」的回覆。

我與會長溝通時，通常會把要表達的內容整理成簡單的條列式筆記，並根據具體情況加上「不需要回覆」或「如果可以，請在明天前回覆」等截止日期，這樣會更有效率。

而這樣的溝通方式，也會讓會長依時間給我回應。

正是這些一來一回的關係累積，我慢慢得到了會長的信任。雖然我一直在總務部，沒有從事外部的工作，但後來也開始幫助會長處理一些事情，例如他會來訊：「我收到了客戶這封信，應該怎麼回覆比較好呢？」我就會協助草擬回覆的內容。

體諒年輕的上司

身為公司最高齡的員工，我的上司全都是比我年輕的人。當我的直屬上司——總務部長——以新進員工身分進公司時，我已經六十五歲了。

在這二十五年來，我一直與比自己年輕的上司共事，對於這種情況早已習以為常。或許我的例子較為特殊，但隨著自昭和時代（一九二六至一九八七年）以來延續至今的年資晉升制度逐漸瓦解，如今「上司比自己年輕」的情況已不再罕見。

根據二〇二一年四月施行的《高齡者雇用安定法》修正案，企業有責任極力確保員工能夠工作到七十歲。像我這樣在退休後再度受雇的人，上司自然會比自己年輕。

在學校的運動社團等體育領域，雖然沒有過去那麼嚴格，但年資輩分的概念仍然根深蒂固。有時僅僅因為年級高一屆，前後輩關係就會延續一生，而將學長、學姊或教練視為絕對權威的風氣，也可能成為職權騷擾的溫床。

日本大學美式足球隊的惡意犯規事件[1]，就是一個典型的例子。在此

1 二〇一八年五月，日本大學美式足球總教練下令球員對敵方四分衛惡意擒抱，導致對方受傷。事後，犯規球員出面指控教練以權威強迫他做出違規行為，引發輿論強烈譴責。該事件揭露了日本體育界的權威壓迫問題，引發對運動倫理與體育界權力結構的廣泛討論。

之後，學生體育界又接連爆出職權騷擾與暴力事件，可見這種問題早已存在許久。

然而，不論是體育界還是職場，都應該以實力為基準。如今，日本企業終於逐漸趨向歐美標準，能夠依照能力晉升與提拔，而非單純依賴年齡資歷。

憑心而論，當今的年輕世代在快速掌握時代商業趨勢這方面，的確相當敏銳而有創意，不容否認這是他們的優勢。

所以在面對這樣的年輕上司，儘管他們仍有不足之處，但我們依然要珍視其優點，給予尊重與欣賞。更何況，公司正是基於他們的能力，才提拔他們為領導者。因此，即使上司比自己年輕，我們也應該全力支持。

有時不如換個角度思考，試著站在年輕上司的立場來看。

他們對於如何與年長部屬溝通，也許會感到相當困惑。因此，若察覺到年輕上司在溝通上有所猶豫，作為經驗較豐富的年長部屬，可以主動表示：「有任何不清楚的地方，請儘管找我。」

在一個年長者占多數的職場環境中，年輕的上司可能會有種「置身敵營」的壓迫感。然而，當他們聽到部屬主動說「有問題儘管找我」，便能意識到：「這些人是我的夥伴，可以依靠。」

當然，即使上司年紀較輕，我們仍應保持禮貌，避免用過於隨便的語氣與他們交談。尊重年輕的上司，並以適當的敬語與他們溝通，才能建立良好的職場關係。

打造適合女性工作的環境

我們公司的員工總數為四百五十五人，其中男性二百六十人，女性一百九十五人，截至二〇二一年四月，女性員工的比例約為百分之四十二點八。

雖然女性勞動力的比例正在逐步上升，但仍有許多女性以非正規雇用的方式工作。隨著少子高齡化和人口減少的發展，勞動力人口預計將持續減少。在這樣的趨勢下，能夠提供女性友善工作環境的企業，將更有成長優勢。

根據日本厚生勞動省「令和元年版女性勞動現狀」報告，女性在整體勞動力人口中所占的比例為百分之四十四點四。當勞動力減少時，若忽視這個占人口近一半的力量，未來的成長將難以期待。

聽說有些企業和組織仍然存在性騷擾或懷孕歧視的問題，但在我們公司，這類騷擾完全不存在。

我能夠在超過九十歲的年紀仍然持續工作，就能證明我們公司擁有適合女性工作的環境。

在我們公司，女性員工即使結婚、生育，依然能夠回到職場，並且全力投入工作。不僅如此，對於因照顧家人而需要請假的員工，無論男女，公司也致力於打造讓他們能夠順利重返職場的環境。

對於勞動者來說，思考如何在結婚、生育、育兒、照護等人生重要階段，與透過工作實現自我價值之間取得平衡，是一件極為重要的事。

我認為，這正是邁向未來「性別平等」與「百歲人生時代」，並且達到「工作與生活平衡」的第一步。

結語

從現在工作到一百歲後，夢想成為散文作家

已經九十二歲的我，或許有人會問：「你打算工作到幾歲呢？」我的目標是繼續工作到一百歲。

幸運的是，公司也鼓勵我：「請努力做到一百歲吧！」能夠被公司需要，真的讓我更有幹勁。

我還有很多想做的事。由於我習慣以積極的態度面對一切，因此並不覺得工作到一百歲是困難的事。

我在九十歲時獲得了金氏世界紀錄，轉眼間距離一百歲不到十年，

我樂觀地想：「再撐個幾年，應該沒問題吧？」而且，我還想多看幾屆奧運呢！

我一直認為：「今天努力了，明天也能繼續努力。」因此，我重視每一天的累積，而這些日子的堆疊，也將建構每一年的成就。

我現在的目標是每年更新金氏世界紀錄，而最終的目標，就是繼續工作到一百歲。

公司告訴我：「早上可以晚點來，下午早點回去，『縮短』工作時間吧。」不過，由於部門的同事們會幫忙，我的工作量已經大幅減少了，所以我仍然從上班時間開始，一直到下班時間都在全職工作。

即使是假日，我也經常主動上班，因為擔心週六如果沒有人值班，總務部會有問題。我妹妹常笑我：「姊姊也太愛公司了吧！」

一百歲退休後，我想寫散文。

我曾經是個熱愛文學的少女。

母親訂閱的《婦人俱樂部》、《主婦之友》等雜誌，我總是津津有味地閱讀，甚至模仿裡面的寫作風格，卻因為用詞太過成熟，而被老師批評：「不能這樣學別人寫作！」

我的父母也喜愛文學，家中收藏了日本文學全集，我特別喜歡永井荷風、室生犀星的作品。

直到現在，我仍然熱愛閱讀作家的全集作品，家裡收藏著開高健、司馬遼太郎等人的作品。

我知道自己寫不出那樣的經典，但如果退休後有更多自由時間，我想試著寫散文。年輕時，我也曾夢想成為作家，但父親早逝，我不得不成為家中的支柱，全心投入工作。

然而，這個未曾實現的夢想，如今仍在我心中。

我記得學生時代老師曾對我說：「泰子，你擅長在腦海中組織文章，但寫實描寫較弱。」這句話一直留在我的腦海裡。

因此，為了寫出更真實的散文，我想去看看未曾見過的風景，親身體驗新的事物，並將自己的感受忠實地記錄下來。

過去我的生活以工作和公司為中心，行動範圍相對狹隘，這或許是我的不足之處。現在，我希望回想老師的建議，學習如何如實描寫眼前的世界。

如果能夠在一百歲時以散文作家出道，希望大家能夠拿起我的書，一同見證這段旅程。

最後，我要感謝您一直讀到這裡。

二〇二二年四月

玉置泰子

百歲上班族的幸福工作術

年齡不是問題！我活得很好，是因為做著喜歡的事。

國家圖書館出版品預行編目 (CIP) 資料

百歲上班族的幸福工作術 —— 年齡不是問題！我活得很好，是因為做著喜歡的事。/ 玉置泰子著；童唯綺 譯．-- 初版 .-- 臺北市：遠流出版事業股份有限公司 ,2025.5
面；公分

譯自：92 歳総務課長の教え
ISBN 978-626-418-164-8（平裝）
1.CST: 自我實現 2.CST: 職場成功法

177.2　　114003908

作者——玉置泰子
譯者——童唯綺
副總編輯——簡伊玲
美術設計——王瓊瑤
校對——金文蕙
企劃主任——林芳如

發行人——王榮文
出版發行——遠流出版事業股份有限公司
地址——104005 台北市中山北路一段 11 號 13 樓
客服電話——（02）2571-0297
傳真——（02）2571-0197
郵撥——0189456-1
著作權顧問——蕭雄淋律師
ISBN ——978-626-418-164-8

2025 年 5 月 1 日 初版一刷
定價——新台幣 380 元
（缺頁或破損的書，請寄回更換）

遠流博識網 http://www.ylib.com
E-mail: ylib@ylib.com
遠流粉絲團 https://www.facebook.com/ylibfans

92 SAI SOMU KACHO NO OSHIE
by Yasuko Tamaki